PLAUFL PUBLICATION FUND 解放军外国语学院出版基金

战后美国战略预警体系发展研究

A Study on the Development of the U.S. Early Warning System after WWII

孙 江 · 著

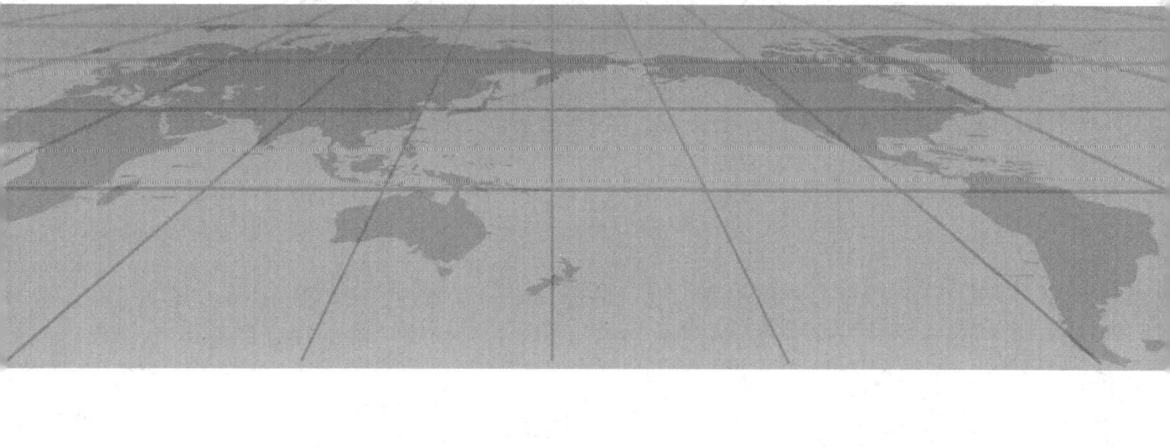

时事出版社
北 京

图书在版编目（CIP）数据

战后美国战略预警体系发展研究/孙江著．—北京：时事出版社，2018.1（2023.2 重印）

ISBN 978-7-5195-0103-7

Ⅰ.①战… Ⅱ.①孙… Ⅲ.①预警系统—研究—美国 Ⅳ.①E712.14

中国版本图书馆 CIP 数据核字（2017）第 081747 号

出版发行：时事出版社
地　　址：北京市海淀区彰化路 138 号西荣阁 B 座 G2 层
邮　　编：100097
发行热线：（010）88869831　88869832
传　　真：（010）88869875
电子邮箱：shishichubanshe@sina.com
网　　址：www.shishishe.com
印　　刷：北京世纪优彩科技有限公司

开本：787×1092　1/16　印张：14　字数：206 千字
2018 年 1 月第 1 版　2023 年 2 月第 3 次印刷
定价：85.00 元

目　　录

图表目录

图目录

表目录

绪　　论

“不管是谁，如果不了解敌人，怎能知道自己应该如何行动呢？”①

——约米尼

第一节　研究背景

预警是一个古老的话题。战争中，任何一方都不愿遭受猝不及防的突然打击。因此，从原始部落的哨兵，奴隶和封建社会的烽燧，到近现代的雷达，预警工作伴随着人类军事实践发展而进步，集中体现了各个时代人类的智慧与技术水平。历史上，万里长城这一中国古老的预警体系，在抵御北方游牧民族入侵中发挥了重要作用。而英国人发明并部署的雷达系统更是在第二次世界大战不列颠之战中为保卫英伦三岛立下了汗马功劳。

随着武器性能的提升，预警工作的重要性也在上升。战略武器的出现，使得预警工作的意义也上升到战略层次，出现了战略预警。进入核时代，战略预警的重要性愈发突出。“核武器的问世，是武器发展史上最大的一次革命，也是历史上唯一仅凭军事技术就使战争形态发生巨大变化的革命。”② 从打击武器上看，“出现了通过直接

① ［美］约翰·科林斯著，中国人民解放军军事科学院译：《大战略》，北京：中国人民解放军战士出版社，1978 年，第 135 页。

② 军事科学院世界军事研究部：《世界军事革命史》（下卷），北京：军事科学出版社，2012 年，第 1221 页。

使用战略武器即可达成战争最终目的的可能性”;[1] 从打击次数上看，“出现了通过一次战役甚至一次突击即可达成战争目的的现实可能性”;[2] 从打击时间上看，“出现了战争变为瞬间行动的趋势”。[3] 可以说，核武器的出现，使得军事上“一击毙命”成为可能，遭受核武器打击的国家很可能彻底失去反击的机会，这使得面临核威胁的大国格外重视战略预警，战略预警的重要性前所未有地突出。

因此，第二次世界大战后，伴随冷战序幕的拉开，拥有核武器与战略轰炸机的美国与苏联都先后开始建设各自的战略预警体系。而后，随着战略武器的发展和侦察监视技术的进步，战略预警体系由二战结束初期单纯的防空预警体系发展成为包括防空、反导、空间目标监视在内的多维一体的战略预警体系。这其中，又以美国的战略预警体系规模最为庞大、功能最为强大。

经过近70年发展演变，美国的战略预警体系从无到有、从地面到天空、从单一手段探测到多种手段综合预警，目前已建立起覆盖陆、海、空、天诸领域，涵盖雷达探测、光电观测、无线电侦测多手段的综合一体、功能强大的现代战略预警体系，在美国展示其强大军事实力，维持其核、空间及信息优势，维护其世界霸权的战略运筹中发挥着重要战略作用。

现代战略预警体系对于国家安全具有重要战略意义。

首先，战略预警体系是维护国家安全的重要屏障。“战略预警体系是国家防御体系的重要组成部分和防备突然袭击的有效力量，对维护国家安全和进行战争准备有重要意义。”[4] 一旦敌人以战略武器发动战略打击，战略预警体系即构成战略防御的第一道战线，可以对敌空天来袭的战略武器进行全天时、大区域的侦察监视，及时准

---

① ［俄］B. A. 佐洛塔廖夫主编，李效东等译:《俄罗斯军事战略史》，北京：军事科学出版社，2009年，第398页。

② 同上。

③ 同上。

④ 武桂馥:《中国军事百科全书（第二版）·军事战略（学科分册）》，北京：中国大百科全书出版社，2007年，第403—404页。

确提供来袭目标的预警情报信息，为最大限度减少损失并组织有效抵抗与反击创造有利条件。

其次，战略预警体系是维系国家战略威慑的重要力量。“威慑就是设法向对方提出危险性，这种危险性将使对方认为与其所要获得的任何利益不成比例，因而使对方不致采取某种行动途径。”① 战略预警的首要作用就是通过严密的监视，让敌人认识到自己的战略冒险不会因对手的猝不及防而大获成功，甚至会招致对手的报复性反击，从而放弃战略打击的企图。冷战期间，最重要的威慑就是核威慑。无论是冷战前期的“报复威慑”（deterrence by punishment），还是冷战后期的“拒止威慑”（deterrence by denial），都离不开强大而高效的战略预警体系。在前期的报复威慑模型中，强大的预警能力能够有效地保存己方的第二次核反击力量，让企图先发制人的打击方不得不考虑承受对方核反击所要付出的代价，无疑提高了威慑的实际效果；后期的拒止威慑实践中，更加需要强大的预警体系尽早探测到敌方武器并实施精确跟踪，从而为拦截系统提供充裕的时间和准确的弹道参数。总之，有了先进的战略预警体系，就能随时掌握敌方战略武器的动向，削弱其取胜的能力，降低其取胜的信心，从而实现威慑目的。

实战与威慑是战略预警体系的两项基本功能，二者关系密切。战略预警体系的实战效用是威慑效用的基础，正是因为战略预警体系具有强大的实战效用，能够探测发现来袭的敌方战略武器，所以才能起到对敌战略威慑作用。而战略威慑作用是战略预警体系实战效用的延伸，是战略预警体系的真正价值所在。能够起到慑止敌人战略冒险，不战而屈人之兵，则说明战略预警体系这个“盾”具有同战略武器这个“矛”同样重要的战略价值。而对于两个同样拥有“矛”的对手，谁拥有了“盾”，谁就拥有了压倒对方的战略优势。这既是冷战期间美国不惜重金打造其庞大战略预警体系的原因所在，

① ［美］亨利·基辛格：《核武器与对外政策》，北京：世界知识出版社，1959 年，第 93 页。

也是中国发展自己的战略预警体系的初衷。

再次，也是往往容易被忽视的一点——战略预警体系还是国家战略打击武器的重要依靠。人们往往只看到战略预警体系的防御功能，而忽视了它的进攻性。现代战略打击武器一个不可或缺的要素就是敌战略目标信息，而敌战略目标信息获取的重要来源就是己方的战略预警体系。比如，遍布空间的各种导航卫星、侦察卫星、通信卫星等等，都是极其重要的战略目标，一旦要对这些空间战略目标发动战略打击，己方战略预警体系中的空间目标监视系统所搜集和掌握的空间目标信息就成了打击目标参数。战略预警体系可以服务于战略打击武器，是其战略性的又一重要体现。

最后，从军事斗争发展的趋势来看，制天权与制信息权将是未来军事斗争的战略制高点。而战略预警体系所提供的空间态势感知能力和空天战略目标信息，无疑正是获取制天权和制信息权所亟需的。可以预见，身兼国家战略防御与战略侦察双重重任的战略预警体系在未来军事斗争中的作用将越来越重要。

正是由于战略预警体系具有上述重要战略意义，进入新世纪，中国也开始筹建自己的战略预警体系。2015 年 5 月 26 日，中国首次发布军事战略白皮书——《中国的军事战略》，在其中第四章“军事力量建设发展”中两次提到战略预警。一是在论述空军建设时，明确提出空军要“构建适应信息化作战需要的防御力量体系，提高战略预警、空中打击、防空反导、信息对抗、空降作战、战略投送和综合保障能力”；[①] 二是在论述核力量建设时，强调要“建设完善核力量体系，提高战略预警、指挥控制、导弹突防、快速反应和生存防护能力，慑止他国对中国使用或威胁使用核武器”。[②]

中国的战略预警体系建设，起步较美、俄等军事强国晚，基础也相较薄弱，要想在短时间内尽快建立起满足中国国家安全需求的战略预警体系，十分有必要学习与借鉴世界军事大国、尤其是美国

① “中国的军事战略”，《解放军报》2015 年 5 月 27 日，第 4 版。

② 同上。

战略预警体系的建设发展过程。因此，考察美国战略预警体系的发展演进之路，总结其中的经验与教训，对于中国战略预警体系的建设将有重要促进作用。

第二节 主要概念

目前，对于“战略预警”的内涵和外延，国内外学术界尚未形成统一的认识，甚至存在颇大争议。因此，在考察美国战略预警体系前，有必要对“战略预警”和“战略预警体系”等基本概念进行辨析与界定。

一、“战略预警”基本概念辨析

目前关于“战略预警”，国内主要存在两种概念的争议。

一种观点认为，战略预警主要是针对战略突袭的预警，这一派主要以情报界为代表。张长军在《战略突袭预警研究》一书中认为：“从防御方的角度看，战略突袭预警是指，预先对监控对象的战略突袭行动发出警报，即，防御方的情报机构在综合研究所获信息的基础上，对迫在眉睫的威胁做出判断并发出警报。”[①] 情报界认为预警的对象是战略突袭，或一般军事概念中的战争突然性，强调的是预警情报分析在战略预警中的作用。这一派的源头可以追溯到美国兰德公司著名研究员罗伯塔·沃尔斯泰特（Roberta Wohlstetter），她在《珍珠港：预警与决策》（*Pearl Harbor：Warning and Decision*）中提出著名的“信号噪音”说，认为珍珠港事件的发生，不是因为缺少预警情报，而是预警情报淹没在大量杂乱的信息“噪音”中。[②] 其后，小莱曼·柯克帕里特克（Lyman B. Kirkpatrick，Jr.）和迈克

① 张长军：《战略突袭预警研究》，北京：军事科学出版社，2010 年，第 7 页。

② 参见 Robert Wohlstetter，*Pearl Harbor：Warning and Decision*. Stanford，CA：Standford University Press，1962。

尔·汉德尔（Michael I. Handel）先后研究了诺曼底登陆[①]和第四次中东战争[②]的战争初期，得出了类似观点：战略预警失败，主要不是由于所获得的预警情报不足，而是由于对所获得的预警情报分析的失误。情报界认为，战略预警的关键在于战略预警情报分析。情报界对战略预警的定义一般被称为“大预警”，突出的是人的主观能动性。

另一种观点认为，战略预警主要是对战略武器的预警，这一派以国防科技工业界为代表。在《国防科技名词大典》中，“战略预警”被解释为“早期发现、跟踪、识别来袭的远程弹道导弹、战略轰炸机和巡航导弹等战略武器并及时发出警报所采取的措施”。[③]

国防科技工业界认为应该依靠最新军事科学技术的进步，采用新的先进技术装备以提高对预警信息的获取。军工界对战略预警的这种定义一般被称为“小预警”，强调的是技术和装备在战略预警中的基础性作用。

“小预警”的概念也被写入中国的《中国军事百科全书》，解放军国际关系学院作为主编单位编纂的1997版《中国军事百科全书·军事情报》中对“战略预警”的定义是：“为早期发现、跟踪、识别和报知来袭的战略武器所采取的措施。主要包括：对地地战略导弹、潜地战略导弹和战略轰炸机等空袭兵器的预警。”[④]

2007年国防大学科研部作为主编单位编纂的《中国军事百科全书（第二版）·军事战略（学科分册）》中“战略预警”词条的释义为：“对敌战略袭击的预先警报。主要是利用现代先进的探测和通信技术手段，建立灵敏完善的战略预警系统，及时查明敌战略袭击的

---

① 参见 Lyman B. Kirkpatrick Jr, *Captain Without Eyes*: *Intelligence Failure in WWII*. London, NewYork: Msvmillsn Company, 1969。

② 参见 Michael I. Handel, *perception*, *Deception and Surprise*: *The case of the Yom Kippur War*. Jerusalem: Hebrew University Press, 1975。

③ 《国防科技名词大典》总编委会：《国防科技名词大典》（综合卷），北京：航空工业出版社、兵器工业出版社、原子能出版社，2002年，第447页。

④ 中国人民解放军国际关系学院：《中国军事百科全书·军事情报》，北京：军事科学出版社，1997年，第229页。

动向，并迅速准确地传送有关情报和号令。目的是防止敌人对己方战略目标实施侦察或突然袭击，保障战略目标安全，为战略武器、战略集团的展开赢得必要的时间并创造有利条件。”[①] 书中明确指出战略预警主要“包括对地地战略导弹、潜地战略导弹和战略轰炸机等空袭兵器的预警”。[②] 这个定义下，还列出了战略预警的4项主要任务：

> 1. 实施对空监视，及时发现和判定来袭目标，发出早期战略预警信息；
>
> 2. 实时跟踪监测敌来袭目标的飞行轨迹，并将各种参数输入信息处理与显示设备，解算出来袭兵器将要袭击的地域，判明其袭击目的；
>
> 3. 及时识别来袭战略武器的种类，以便采取相应的反击措施；
>
> 4. 监视有关国家和地区进行导弹或空间飞行器发射试验的飞行动态情况等。[③]

值得注意的是，美国对于“战略预警”相关概念的界定与中国不尽相同。美国《国防部军事及相关术语词典》（*Department of Defense Dictionary of Military and Associated Terms*）中“战略预警”（strategic warning）的概念是：早于威胁行为启动所发出的预警（A warning prior to the initiation of a threatening act.）。[④] 与之相对应的是“战术预警”（tactical warning）：（1）威胁或敌意行动启动后基于全源信

---

① 武桂馥：《中国军事百科全书（第二版）·军事战略（学科分册）》，北京：中国大百科全书出版社，2007年，第374页。

② 同上。

③ 同上。

④ U. S. Joint Chiefs of Staff, Joint Publication 1 – 02, *Department of Defense Dictionary of Military and Associated Terms*. Washing, D. C.: GPO, 8 November, 2010 (As Amended Through 15 March 2015). p. 233.

息评估所发出的预警（A warning after initiation of a threatening or hostile act based on an evaluation of information from all available sources.）。（2）在卫星和导弹监视中，通知作战指挥中心某个威胁事件正在发生（In satellite and missile surveillance, a notification to operational command centers that a specific threat event is occurring.）。① 可以看出，美军关于“战略预警”与“战术预警”的区分，主要基于预警发出的时间，是以威胁或敌意行动的启动时间作为参照，早于威胁启动所发出的预警是战略预警，晚于威胁启动的则属于战术预警。对比中美两国对战略预警的界定，可以看出，国内强调情报分析的“大预警”概念与美军“战略预警”相似，而依赖预警装备的“小预警”则属于美军“战术预警”概念的范畴。

争论似乎应该尘埃落定了。然而，在我军最新的2011版《中国人民解放军军语》（以下简称《军语》）中却只有“战略预警”而无“战术预警”。这一版的《军语》中对战略预警的定义为：“对敌战略袭击做出预先警报的活动。分为早期预警和即时预警。”② 之后对早期预警的解释是“对敌战略袭击的企图、征候及战略武器动向做出预先警报的活动”。③ 而即时预警指“对来袭兵器的发射和接近情况做出预先预报的活动”。④ 不难看出，这个定义实际上包含了美军“战略预警”与“战术预警”两个概念，分别对应的是中国《军语》中“战略预警”大概念下的“早期预警”和“即时预警”的两个子概念。

显然，与美军以威胁发生时间为参照划分“战略预警”与“战术预警”不同，中国《军语》中“战略预警”定义强调的是预警对

① U. S. Joint Chiefs of Staff, Joint Publication 1 – 02, *Department of Defense Dictionary of Military and Associated Terms*. Washing, D. C.: GPO, 8 November, 2010 (As Amended Through 15 March 2015). p. 241.

②《中国人民解放军军语》，北京：军事科学出版社，2011年，第217页。

③ 同上。

④ 同上。

象——战略打击。[①] 那么，二者谁更科学合理呢？

按美军的定义，以预警与威胁启动时间比照，预警早于威胁启动发出的为战略预警，晚于威胁启动发出的预警，只能算战术预警。而事实上，所有的反导预警都是在对方导弹发射后发出的预警，从预警发出到导弹击中目标最多只有 30 分钟（以陆基洲际弹道导弹计，如果是潜射导弹，飞行时间更短）。但这短短几十分钟，也是具有战略意义的。其一，如果打击的是可以疏散的人群或可以机动的武器平台，则可以利用宝贵的时间进行疏散或机动以减少损失；其二，如果打击的是不可机动的固定导弹发射井，也可以按照美苏冷战期间所奉行的“接警即发射”（launch on warning）原则，在对方导弹落地摧毁己方战略导弹前把这些导弹发射出去。显然，威胁启动后的预警，也是具有重要战略意义的。而反言之，如果对方打击所使用的不是战略武器，或目标不是己方的战略目标，那么预警即使早于威胁发出也不具备战略意义。所以，简单以预警与威胁启动时间比对来定义战略预警与战术预警并不科学。

而中国新版《军语》的定义则抓住了要害——战略预警针对的对象是战略打击。那么什么是战略打击呢？根据新版《军语》，战略打击是“使用战略武器或对敌战略目标进行的攻击”。[②] 由此，在逻辑上可以推导出一个十分清晰的战略预警概念——战略预警的主要目的是对敌发动的战略打击提供及时准确的预警，战略预警防御的对象是敌方战略武器，保护的对象是己方战略目标。因此，要深入了解战略预警，就要明确战略武器和战略目标的概念。

战略武器是与战术武器相对的概念。“战略武器是用于达成战略目的，具有强大威力的武器。如战略核导弹、战略轰炸机、航空母舰、战略核潜艇等。”[③] 这些武器能对敌纵深战略目标实施攻击，并具有大面积毁伤效应。战略武器在战略上具有阻吓、摧毁敌方的作

---

① 2011 版《中国人民解放军军语》中无“战略袭击”词条，但有“战略打击”词条。

② 《中国人民解放军军语》，北京：军事科学出版社，2011 年，第 57 页。

③ 同上书，第 527 页。

用和能力，并能对敌产生战略牵制效果。而战术武器，则只具有一般杀伤能力，只具有有限的杀伤范围，无法对敌具有战略作用的目标实施攻击。可以看出，打击距离远和作用面积大是战略武器的两个根本特征，而打击战略目标，则是战略武器与战术武器的根本区别。

“战略目标是对战争全局有重大影响或对达成战略目的有重要意义的打击或防卫的对象。如政治、经济和军事指挥中心，重兵集团，军事基地，重要的生产和工程设施等。”① 战略目标一般都被设置在国家的战略纵深，并小心设防。在军事史上，最初只有飞机能飞越敌前沿防线打击敌纵深目标，后来又出现了威力巨大的核武器及远距离精确制导武器能够打击敌战略目标。未来，技术发达的军事强国还可能在太空部署空间武器直接打击敌战略目标。所以，这些武器都应归于战略武器之列。

应该指出，随着军事科学技术的发展，战略武器和战略目标的概念和范畴也在不断扩展，战略预警的概念与范畴也必将随着武器的发展和战争领域的扩展而拓展。比如，随着计算机技术的发展，未来计算机病毒也可以具备以往战略武器的巨大威力；而在网络空间中，诸如政府官网、重要水利设施的和其他能源控制节点，也完全具备了战略目标的特性。从这个意义上讲，未来的战略打击完全可能发生于网络空间，网络空间必将成为未来战略预警的新领域。

当前，已经问世的战略轰炸机、导弹和空间飞行器是最值得关注的战略武器，对它们的早期发现、跟踪、识别和及时报警构成了战略预警的主要内容。从这个意义上讲，到目前为止，防空、反导及空间目标监视是过去及当前战略预警的主要任务。

可以看出，最新版《军语》抓住战略预警对象是战略打击这一核心，较好地解决了长期以来存在的大小预警概念之争。不论是对战争突然性的预警，还是对战略打击的预警，它们同属于战略预警，

---

① 《中国人民解放军军语》，北京：军事科学出版社，2011 年，第 55 页。

都具有战略意义，只不过一个是面向中长期的预警，一个是临战的即时预警；一个强调的是预警情报分析，一个强调的是预警情报信息的探测获取。

其实，中国关于“战略预警”的概念之争，背后凸显的是不同业务部门的认知差异，把一件工作的两个不同阶段程序人为地割裂开。战略预警本来就应该既重前端探测，又重后端分析，既重敌战略武器打击，又重敌不期而至的战争。战略预警探测与战略预警情报分析本来就是相辅相成、互为支撑的。战略预警探测是战略预警情报分析的一个重要原始素材来源，情报分析需要情报素材为基础，没有预警探测体系来提供预警信息，预警情报分析就成了无源之水、无本之木；而预警情报分析也是预警探测体系的重要补充，机器的智慧永远不可能超越人类，再先进的机器也有失误的时候。冷战期间，美苏双方导弹预警系统都曾先后数次发出虚警①，如果不是双方值班人员沉着冷静、经验丰富、分析能力高超，以及对世界和平具有高度负责的责任感，第三次世界大战核大战的战火早已被点燃。所以成功的战略预警，往往是预警侦察监视与预警情报分析缺一不可的。能够料敌在先，于敌未动时防范于未然，“先为不可胜，以待敌之可胜”② 固然好；如若不然，能够在明或暗的敌突然以战略武器打击我战略目标时，使用先进的预警探测装备尽早发现而预做准备甚或将其拦截，亦不失为“亡羊补牢”。预警情报分析与预警情报探测对于国家安全的重要性，就好比一支足球队中的后卫与守门员。如果后卫能直接阻止对方的进攻固然最好，但是如果对方的前锋已经骗过己方后卫，这临门一脚的最后防守，依靠的就只能是守门员了。因此，强大的战略预警体系与强大的情报分析团队相结合，才是真正万全的战略预警，才能成为护卫国家安全的国之利器。

---

① 比如，1960年10月5日，美国的“弹道导弹早期预警系统”（BMEWS）图勒站的仪器就曾发出苏联导弹发射警报，但最终调查结果是该站仪器错把月球回波当成了导弹目标，发出了虚警。

② 孙武：《孙子兵法·形篇》。

二、战略预警体系

明确了战略预警的概念，就容易理解当前中国提出的“加快战略预警体系建设”所指了。显然，战略预警体系承担的正是新版《军语》战略预警概念中的即时预警任务。建立战略预警体系的目的“是利用现代先进的探测和通信技术手段，早期发现敌战略袭击征候，并迅速准确地传送有关情报和号令，提供较多的预警时间，以便做好防范突然袭击的各种准备”。[①]

三、美国战略预警体系

美国战略预警体系始建于二战后，随着军事科学技术的发展，先后经历了“空气动力目标预警为主时期、弹道导弹预警为主时期、空天袭击预警为主时期”。[②]

二战结束后，苏联很快拥有了核武器和可以远程投送核武器的远程战略轰炸机，美国认为其本土最大军事威胁来自于苏联的战略核轰炸。所以从20世纪50年代起，美国相继在美加边境向北建设了“松树线”（Pine Tree Line）、“中加拿大线”（Mid-Canada Line）和“远程预警线”（Distant Early Warning Line，DEW）等远程防空预警雷达系统。

1957年10月4日，苏联成功地发射了人类第一颗人造地球卫星，标志着苏联理论上具备了可以用洲际弹道导弹袭击美国的能力，使美国感受到了“核珍珠港”（nuclear Pearl Harbor）式突袭的威胁。为了对苏联洲际弹道导弹的突袭提供早期预警，从20世纪60年代起，美国相继建立“弹道导弹早期预警系统”（Ballistic Missile Early

---

① 武桂馥：《中国军事百科全书（第二版）·军事战略（学科分册）》，北京：中国大百科全书出版社，2007年，第403页。

② 徐炳杰：“世界当代战略预警侦察体系建设发展述论”，《军事历史研究》2010年第3期，第90页。

Warning System，BMEWS）和“潜射弹道导弹预警系统”（Submarine Launched Ballistic Missile Warning System，SLBMWS）等针对洲际弹道导弹的预警雷达系统。

20 世纪 60 年代末，苏联研制出“部分轨道轰炸系统”（Fractional Orbit Bombardment System，FOBS）和潜射洲际弹道导弹（Submarine-Launched Ballistic Missile，SLBM），试图突破 60 年代以来美国精心打造的陆基弹道导弹预警系统的探测能力。为应对苏联战略武器发展带来的威胁，美国于 20 世纪 70 年代开始在太空部署“国防支援计划”（Defense Support Program，DSP）导弹预警卫星系统，在地面部署相控阵雷达，建立起天地联合的弹道导弹预警系统。

随着美苏太空争夺的加剧，美国空间武器数量不断增加，美国空间资产的战略重要性日渐突出，美军对空间装备的依赖性不断增强。冷战结束后，为了应对日益复杂的空间环境，防止“太空珍珠港”（space Pearl Harbor）事件的发生，保护美国空间资产安全，监视对手空间武器，美国大力建设空间监视系统，打造出多维一体的现代战略预警体系，着力提高其导弹预警能力与空间态势感知能力，服务其核威慑与空间威慑战略，以图继续维持其全球战略优势。

第三节 国内外研究现状

一、国外研究现状

著名美国情报史学者杰弗里·T. 理查尔森（Jeffrey T. Richelson）在《美国情报界》（*The US Intelligence Community*）[①] 2015 年最新第 7 版中的第 9 章和第 10 章中介绍了美国战略预警体系的相关装备。

第 9 章“测量与特征情报”（Measurement and Signature Intelli-

① Jeffrey T. Richelson, *The US Intelligence Community* (6th *ed.*), Boulder: Westview Press, 2012.

gence，MASINT）中明确指出，“测量与特征情报”任务包括使用雷达探测和监视外国导弹试验与发射。[①] 在太空搜集（Space Collection）手段中介绍了美国重要的天基导弹预警系统“国防支援计划”（Defense Support Program，DSP）及“天基红外系统”（Space-Based Infrared System，SBIRS）；在地面搜集（Ground Collection）手段中介绍了“丹麦眼镜蛇”（Cobra Dane）陆基相控阵雷达；在海上搜集（Seaborne Collection）手段中介绍了搭载“朱迪眼镜蛇”（Cobra Judy）雷达的“观察岛”（Observation Island）号导弹测量船与搭载“双子星眼镜蛇”（Cobra Gemini）雷达的“无敌”（Invincible）号导弹测量船。

第10章“空间监视”（Space Surveillance）中，作者指出了监视的外国空间活动包括：发射准备活动与发射、部署进入轨道、执行任务、轨道测量、轨道机动、子卫星部署、分解卫星、卫星或碎片再入大气层。分“专用”（Dedicated）、“兼用”（Collateral）、“借用”（Contributing）介绍了“空间监视网”（Space Surveillance Net，SSN）所使用的主要传感器，包括：“贝克—纳恩”（Baker-Nunn）望远镜、“陆基光电深空监视系统”（Ground-based Electro-Optical Deep Space Surveillance，GEODSS）、前身为“海军空间监视系统”（Navy Space Surveillance，NAVSPASUR）的美国“空军空间监视系统”（Air Force Space Surveillance System，AFSSS）等等。

《美国情报界》的上述两章，基本覆盖了美国战略预警体系的所有主要传感器，也说明了美国战略预警体系对于美国情报界的重要作用——可以为测量与特征情报获取及空间侦察中提供重要手段。但本书是以美国情报界为主要研究对象，战略预警体系装备都并入相关品类情报和侦察平台介绍中，因此以战略预警的视角来看，这些装备的介绍就显得零乱而不成体系，看不出其在美国整个战略预

---

① Jeffrey T. Richelson, *The US Intelligence Community* (6th *ed.*), Boulder: Westview Press, 2012. p. 241.

警体系中的地位与作用。

除了著名的《美国情报界》，理查尔森还著有两部研究美国天基导弹预警系统的专著——《美国太空哨兵：国防支援计划卫星与国家安全》（*America's Space Sentinels*：*DSP Satellites and National Security*）① 与《美国太空哨兵："国防支援计划"与"天基红外"卫星系统》（*America's Space Sentinels*：*the History of the DSP and SBIRS Satellite System*）②。在1999年出版的《美国太空哨兵：国防支援计划卫星与国家安全》一书中，他介绍了当时美国最重要的天基导弹预警系统——"国防支援计划"的研发与部署过程，分析了其对于美国国家安全的重要性。2012年《美国太空哨兵："国防支援计划"与"天基红外"卫星系统》出版时，美国已经开始部署新型天基导弹预警卫星星座——"天基红外系统"。本书从历史发展的角度详细叙述了美国天基导弹防御系统从"导弹防御警报系统"（MiDAS）到"国防支援计划"再到"天基红外系统"的发展演变历程。这两本专著为本书研究美国天基导弹预警卫星系统的发展提供了重要参考资料。

此外，还有美国一些机构撰写的报告中也涉及战略预警体系建设。

美国陆军军事历史中心（U. S. Army Center of Military History）编写的《战略防空反导历史》共有两卷——《战略防空反导历史1945—1955》（*The History of Strategic Air and Ballistic Missile Defense*，*Volume I 1945 - 1955*）和《战略防空反导历史1956—1972》（*The History of Strategic Air and Ballistic Missile Defense*，*Volume II 1956 - 1972*）。这两本书主要探讨了两个问题：一是在1945年至1972年间美苏两国是如何解决来自空中威胁的防御问题的；二是美苏两国为

---

① Jeffrey T. Richelson，*America's Space Sentinels*：*DSP Satellite and National Security*，University Press of Kansas，1999.

② Jeffrey T. Richelson，*America's Space Sentinels*：*The History of the DSP and SBIRS Satellite System*（2nd *ed.*），University Press of Kansas，2012.

何采取了不同的防空战略。这两本书采用对比研究的方法，对冷战早期和中期美苏两国的战略防空体系发展有较为详尽的介绍，为本书研究冷战初期美国的防空反导预警侦察体系发展提供了参考资料。但是本书是以整个防御体系为研究重点，预警只占其中一小部分。

美国国防分析研究所（Institute for Defense Analyses，IDA）国际和社会研究部门的项目负责人 L. 韦恩斯坦（L. Wainstein）于 1975 年牵头撰写的报告《美国战略指挥、控制和预警的演变（1945—1972）》[*The Evolution of U. S. Strategic Command and Control and Warning*（*1945 - 1972*）][①] 以时间为线索分四个阶段（1945—1953，1954—1960，1961—1967，1968—1972）介绍了美国从 1945 年到 1972 年这 27 年间国家层面的指挥与控制系统的发展，战略力量、尤其是战略空军司令部的发展，以及预警的发展。可贵的是，这份材料是从战略层面来看待预警问题，为研究预警体系对美国战略制定与战略力量发展的影响提供了不可多得的材料。

1997 年由美国陆军建设工程研究实验室（U. S. Army Construction Engineering Research Laboratories，USACERL）的大卫 · F. 温克勒（David F. Winkler）与朱莉 · L. 韦伯斯特（Julie L. Webster）为美国空军空中作战司令部撰写的报告《搜索天空：冷战时期美国军用雷达项目遗产》（*Searching the Skies*：*the Legacy of the United States Cold War Defense Radar Program*）[②] 在第一部分分三个时期介绍了自 1918 年到 1994 年美国军用雷达的发展演变，在其后第二和第三部分分别按系统和所在地介绍了美国各类军用雷达的性能和作用。这部类似美国冷战时期雷达百科全书的资料为本书写作查阅相关预警雷达数据资料提供了极大的便利。

---

① L. Wainstein，C. D. Cremeans，J. K. Moriaty，J. Ponturo，*The Evolution of U. S. Strategic Command and Control and Warning*（1945 - 1972），June 1975，http：//www. dtic. mil/dic/tr/fulltext/u2/a331702. pdf.

② David F. Winkler and Julie L. Webster，*Searching the Skie*：*the Legacy of the United States Cold War Defense Radar Program*，June 1997，http：//www. dtic. mil/tr/fulltext/u2/a331231. pdf.

2011年5月美国审计总署（GAO）给众议院武装力量委员会战略力量次委员会的报告《空间装备采购：改进空间态势感知能力的进步与监管挑战》（*Space Acquistions*：*Development and Oversight Challenges in Delivering Improved Space Situational Awareness Capabilities*）[①]认为，美国国防部在提供改进的空间态势感知能力来弥补空间态势感知缺陷方面进展有限，美国的空间态势感知面临着重大管理与监管挑战，并且提出了相关建议。报告列出了美国“空间监视网”（Space Surveillance Net，SSN）的传感器名称、位置和类型，以及2006财年至2015财年美国国防部空间态势感知相关预算的数据，为本书研究美国空间监视系统发展提供了重要数据。

国外还有一部分理论研究著作虽然未直接涉及战略预警体系，但对深入理解美国战略预警体系对美国国家安全的作用，及在美国国防战略体系中的地位至关重要。核时代美国核政策研究的经典著作有《绝对武器》[②]《核武器与外交政策》[③] 等。伯纳德·布罗迪等的《绝对武器》是美国最早研究核战争、核政策与核战略的著作，书中提出了依靠核武器的报复能力慑止战争的思想。其后，亨利·基辛格的《核武器与外交政策》《选择的必要》[④] 又进一步阐释了核威慑战略。在《核武器与对外政策》一书中，基辛格还特别分析了防空雷达网与战略空军海外基地组合使用所带来的战略优势（参见本书第一章第三节）。

冷战后期，美国国内开始对空间战略与空间政策进行研究。美国退役中将前国防情报局局长格雷厄姆的名著《高边疆——新的国家政策》[⑤] 是美国太空战略的奠基之作，呼吁利用美国的太空技术优

---

① GAO，Repot to the Subcommittee on Strategic Forces，Committee on Armed Services，House of Representatives，*Space Acquistions*：*Development and Oversight Challenges in Delivering Improved Space Situational Awareness Capabilities*，May 2011. http：//www. gao. gov/assets/320/318942. pdf.

②［美］伯纳德·布罗迪等著，于永安等译：《绝对武器》，北京：解放军出版社，2005年。

③［美］亨利·基辛格：《核武器与对外政策》，北京：世界知识出版社，1959年中译本。

④［美］亨利·基辛格：《选择的必要》，北京：世界知识出版社，1962年中译本。

⑤［美］丹尼尔·奥·格雷厄姆著，张健志等译：《高边疆——新的国家战略》，北京：军事科学出版社，1988年。

势，发展太空防御系统以确保美国的安全。美国兰德公司的福里斯特·E. 摩根（Forest E. Morgan）的《太空威慑和先发制人》（*Deterrence and First-Strike Stability in Space: A Preliminary Assessment*）[①] 针对美国面临的太空威胁，分析了太空威慑战略的必要性与可行性，提出了太空态势感知的需求。

这些著作虽然没有直接涉及战略预警体系，但它们所提出的核威慑与空间威慑思想，有助于我们正确理解战略预警体系建设与发展的时代背景与战略考虑，以及认识战略预警体系对于美国国家安全的重要作用与意义。

二、国内研究现状

国内只有少量论文是从历史发展角度来研究美国战略预警体系的，如空军预警学院徐炳杰副教授的“世界当代战略预警体系建设发展述论”、[②] 中国航空综合技术研究所袁俊高级工程师的“国家战略预警系统的发展”，[③] 这两篇论文中就有对美国战略预警体系发展的宏观介绍；解放军外国语学院2013届研究生杨艳的硕士论文《美国导弹预警力量的构建与发展研究》[④] 重点研究了美国战略预警体系中导弹预警力量的发展。

除此之外，国内涉及战略预警体系研究的成果可以分为两类：一是关于美国战略预警体系及装备的研究；二是与美国战略预警体系发展相关的理论研究。

（一）美国战略预警体系及装备研究

1. 美国战略预警体系研究

目前尚未发现国内有专门研究美国战略预警体系的专著，涉及

---

① ［美］福里斯特·E. 摩根著，白堃等译：《太空威慑和先发制人》，北京：航空工业出版社，2012年。

② 徐炳杰：“世界当代战略预警体系建设发展述论”，《军事历史研究》2010年第3期。

③ 袁俊：“国家战略预警系统的发展”，《国防信息化》2008年第4期。

④ 杨艳：“美国导弹预警力量的构建与发展研究”，解放军外国语学院2013届硕士论文未刊稿。

美国战略预警体系的著作主要有：朱和平、沈齐等编著的《现代预警探测与监视系统》[①]，刘兴著的《防空防天信息系统及其一体化技术》[②]，刘兴、梁维泰、赵敏著的《一体化空天防御系统》[③]。朱和平等著的《现代预警探测与监视系统》分为两部分，一是介绍手段与装备，二是分国别介绍了包括美国在内的世界主要国家的预警探测与监视系统的现状及其发展，其中美国战略预警体系在其中都占有一定篇幅，但作者是整体研究而不是国别研究，因此关于美国战略预警体系的论述只是概述而不尽详实。刘兴的《防空防天信息系统及其一体化技术》及其合著的《一体化空天防御系统》两者的关系，正如著者在《一体化空天防御系统》的前言中所述，此书是前者的“增加、补充和更新”，二者的第三章都是介绍“美俄典型的空天防御系统”，介绍了美俄主要的情报侦察系统、预警探测系统、空间监视系统、指挥控制与通信系统、弹道导弹防御系统和反卫星系统，包括了大量美国战略预警体系中的预警探测系统。这两本书都是侧重系统当前的能力介绍，没有突出各探测系统间彼此的联系，因此也看不出整个美国预警体系发展演变的过程。

国内有不少研究美国战略预警体系的学术论文，其中总体研究美国战略预警体系的有：“美国战略预警系统建设及启示”[④]、“美国战略预警体系的构成”[⑤]、“美国空天一体战略预警体系的建设与发展”[⑥]、“美国国家战略预警系统”[⑦] 等。还有对美、俄（苏）战略预警系统进行比较研究的，如：“美俄两国战略预警系统建设主要特点”[⑧]、“美

① 朱和平、沈齐：《现代预警探测与监视系统》，北京：电子工业出版社，2008 年。

② 刘兴：《防空防天信息系统及其一体化技术》，北京：国防工业出版社，2009 年。

③ 刘兴等：《一体化空天防御系统》，北京：国防工业出版社，2011 年。

④ 薛银地等：“美国战略预警系统建设及启示”，《军事学术》2009 年第 2 期。

⑤ 刘云路等：“美国战略预警侦察体系的构成”，《空军军事学术》2009 年第 5 期。

⑥ 王谦：“美国空天一体战略预警侦察体系的建设与发展”，《外国空军军事学术》2010 年第 2 期。

⑦ 袁俊：“美国国家战略预警系统”，《卫星应用》2004 年第 4 期。

⑧ 龚太启：“美俄两国战略预警系统建设主要特点”，《雷达兵》2009 年第 4 期。

俄战略预警系统发展及启示”①。

还有部分论文研究的是美国战略预警体系下导弹预警与空间目标监视等子系统的，如：“天基红外导弹预警系统”②、“美国空间目标监视情报体制研究”③、“庞大的美国空间目标监视系统”④、“美国天基太空监视系统”⑤ 等。

这些论文都是以当代美国战略预警体系（系统）为研究对象，受学术论文篇幅限制，都是从概略上进行介绍，从中可以窥见美国战略预警体系之一斑而无法得全貌，而且这些论文重在分析美国战略预警体系当前的组成与能力，没有对其历史发展进行详细考察，为本书的研究留下了空间。

2. 美国战略预警体系所使用的预警装备研究

这一类成果主要是对美国战略预警体系所使用的预警雷达、预警卫星等具体装备的研究。1986 年电子工业部第十四研究所编著的《世界地面雷达手册》⑥ 按国别汇集了美、苏、英、法等 16 个国家总计 1022 种型号的陆基雷达，列出了每种雷达的技术特点、主要战术技术性能参数、研制周期、研制费用、装备及出口情况。1987 年空军第二研究所编著的《国外对空情报雷达手册》⑦ 按雷达功能与用途分类介绍了国外 134 种各型号对空侦察雷达。

此外，还有许多研究论文，如：“美国弹道导弹预警系统（BMEWS）预警雷达升级发展概况”⑧、“美俄弹道导弹预警系统中

---

① 闫彬等：“美俄战略预警系统发展及启示”，《国防科技》2009 年第 3 期。

② 吴培中：“天基红外导弹预警系统”，《国际太空》2000 年第 9 期。

③ 王克等：“美国空间目标监视情报体制研究”，《国外卫星动态》2009 年第 10 期、第 11 期。

④ 直心义：“庞大的美国空间目标监视系统”，《现代军事》2001 年第 6 期。

⑤ 陈杰等：“美国天基太空监视系统”，《国防科技》2011 年第 1 期。

⑥ 电子工业部第十四研究所：《世界地面雷达手册》，1986 年。

⑦ 空军第二研究所：《国外对空情报雷达手册》，1987 年。

⑧ 陈勇华、陈玲：“美国弹道导弹预警系统（BMEWS）预警雷达升级发展概况”，《电子工程信息》2007 年第 3 期。

的陆基战略预警雷达"[1]、"美国海军舰载双波段系列雷达的发展"[2]、"导弹预警卫星：刺穿时空的鹰眼"[3] 等。这些成果为本书研究美国的预警雷达与预警卫星装备提供了翔实的数据材料。

（二）与美国战略预警体系发展相关的理论研究

国内也有不少专家的军事理论研究和国际政治理论研究成果与美国战略预警体系密切相关。姚云竹的《战后美国威慑理论与政策》[4] 主要阐释了美国威慑理论的发展演变。朱锋的《弹道导弹防御计划与国际安全》[5] 与吴莼思的《威慑理论与导弹防御》[6] 以国际政治理论解释了导弹防御的历史发展。这些成果有助于研究战略预警体系产生的时代背景，以及作用与意义。

除了上述对美国战略预警体系进行研究的成果，国内近年来还涌现了大量对中国战略预警体系建设进行思考和研究的成果。代表成果是空军预警学院蓝江桥院长牵头撰写的《战略预警体系概论》[7]，这本专著按照基础理论、应用理论和建设理论三个层面，研究探讨了战略预警体系"是什么、怎么用、怎么建"等问题。在基础理论部分论述了战略预警体系的基本概念、地位与作用、特点及发展规律、结构和使命任务；分防空预警系统、反导预警系统、空间目标监视系统、信息传输与处理系统介绍了战略预警体系的组成、功能、装备及国外相关系统的建设和发展趋势；介绍了战略预警体系的关键技术。在应用理论部分论述了战略预警作战思想和作战指导、力量部署、情报组织、作战指挥、作战协同、作战保障和作战能力评估。在建设理论部分论述了战略预警体系建设指导，以及战

① 吴永亮："美俄弹道导弹预警系统中的陆基战略预警雷达"，《飞航导弹》2010 年第 2 期。

② 吴永亮："美国海军舰载双波段系列雷达的发展"，《国防科技》2012 年第 4 期。

③ 刘进军："导弹预警卫星：刺穿时空的鹰眼"，《卫星与网络》2012 年第 8、9、10 期连载。

④ 姚云竹：《战后美国威慑理论与政策》，北京：军事科学出版社，1998 年。

⑤ 朱锋：《弹道导弹防御计划与国际安全》，上海：上海人民出版社，2001 年。

⑥ 吴莼思：《威慑理论与导弹防御》，北京：长征出版社，2001 年。

⑦ 蓝江桥等：《战略预警体系概论》，北京：军事科学出版社（军内发行），2010 年。

略预警理论建设、指挥体制建设、预警装备建设、法规建设和人才建设。该书是目前国内研究战略预警体系最为全面和透彻的专著。

论文方面，具代表性的如前国防大学校长王喜斌上将的“深刻领会胡主席重要战略思想科学推进战略预警体系建设”。[①] 该文解读了时任军委主席胡锦涛关于战略预警体系建设的重要战略思想，深入分析了中国战略预警体系建设的基本定位、指导原则，以及需着力解决的影响中国战略预警体系建设的重大问题，为中国自己的战略预警体系建设指明了方向。

此外，还有“着眼信息化战争特点加速我国战略预警体系建设”[②]、“着眼国家和军队战略需求加快构建我国战略预警体系”[③]、“以国家安全战略需求为牵引加快推进战略预警系统建设”[④]、“我国战略预警体系建设应确立的总体构想”[⑤] 等。这些论文为本书思考中国自身战略预警体系建设打开了思路。

综上所述，研究国内外研究成果可以发现，国内外针对美国战略预警体系建设的研究现状是：研究具体系统与装备的多，研究整体体系的少；研究当前装备的多，研究历史发展的少。目前没有发现从历史背景和军事战略角度对美国战略预警体系整体历史发展来进行研究的。本书正是要利用上述零散材料综合起来对美国战略预警体系从无到有、从弱到强的发展历程进行梳理和考察，总结其特点与趋势、经验与教训，以期为中国战略预警体系建设提供借鉴。

---

① 王喜斌：“深刻领会胡主席重要战略思想科学推进战略预警体系建设”，《军事学术》2011年第1期。

② 石永彬等：“着眼信息化战争特点加速我国战略预警体系建设”，《军事学术》2009年第7期。

③ 蓝江桥：“着眼国家和军队战略需求加快构建我国战略预警体系”，《雷达兵》2009年第4期。

④ 王国柱等：“以国家安全战略需求为牵引加快推进战略预警系统建设”，《国防大学学报》2011年第5期。

⑤ 龚太启等：“我国战略预警体系建设应确立的总体构想”，《军事学术》2009年第7期。

第四节　研究意义

本书直接服务于中国战略预警新型作战力量建设，具有重要现实意义。

一是有助于“知彼”。冷战中面对苏联这样强大的战略对手，美国人在强烈危机意识的刺激下先后建设了防空预警系统、反导预警系统和空间监视系统，打造出多维一体的战略预警体系。美国的战略预警体系对于维护美国国家安全、提升国家综合实力具有重要战略意义。冷战期间，美国的战略预警体系在一定程度上威慑了苏联的战略武器打击，迫使苏联不断开发与改进其战略武器，而且还使苏联为拥有与美国对应的战略防御能力而投巨资打造自己的战略预警及战略防御体系，最终走上与美国的全面军备竞赛而拖垮其经济。

冷战结束后，美国本土所面临的战略武器打击威胁虽然较冷战时期大大减小，但美国人认为其诸如军用卫星等战略目标所承受的战略威胁仍然很大，迫切需要空间监视系统提供空间态势感知能力。战略预警体系依然是美国展示其强大军事实力，维持其核优势、空间优势及信息优势的重要工具，在美国维护其世界霸权的战略运筹中发挥着重要战略作用。

本书将通过研究，揭示美国战略预警体系对美国威慑战略的作用与影响。美国是中国重要的战略对手，它的威慑战略及实战预警能力将直接影响中国军事战略制定及战略打击力量建设。对美国战略预警体系进行深入研究，将有助于中国研发能够突防对方战略预警和战略防御体系的战略武器，对其形成有限战略威慑。

二是有助于借鉴。针对当前与未来复杂的战略环境和新的军事斗争准备形势与任务，中国及时做出推进战略预警体系建设的重大决策。建设中国自己的战略预警体系意义重大，可以“使战略对手的威慑失效，使其不敢轻易实施战略讹诈和战略打击，提高我方战略威慑可信度”。[1] 美国凭借强大的科技与资金优势，在战后数十年内积极建设和发展战略预警体系，目前已形成陆、海、空、天一体的战略预警体系，具备多维预警探测能力。面对已经拥有强大战略预警体系和丰富实战经验的美国，我们只有建成自己的战略预警体系，才能形成对美国的有限战略平衡。对美国战略预警体系的发展进行深入考察和研究，总结其中的经验与教训，无疑对于加强中国战略预警顶层设计，科学规划中国战略预警体系布局，加速中国自身战略预警体系的建设与发展具有重要借鉴意义。

第五节　研究方法、思路及重点

一、研究方法

本书属于历史研究，主要采用文献分析法进行研究。为了研究美国战略预警体系的历史发展，本书收集了大量美国军事历史学界、情报界撰写的关于二战结束以来美国防空、反导及空间监视系统发展演变的原文资料，以及中国战略预警研究领域对美国战略预警体系及装备的研究资料，通过对这些资料的仔细阅读和相互比较，从中找出可信的资料，对其进行深入分析，从而梳理出美国战略预警体系从无到有逐渐强大的发展脉络。

二、研究思路

历史研究的目的和意义不仅在于还原历史，更重要的在于解释历史。因此，本书的研究是在清楚地还原战后美国战略预警体系的历史演变的基础上对其进行解释，诠释各种预警探测系统出现的历史背景、对美国国家安全与战略的影响。

---

① 王喜斌：“深刻领会胡主席重要战略思想科学推进战略预警体系建设”，《军事学术》2011年第1期，第16页。

鉴于此，本书在具体研究中将注意以下几点：

一是将研究重点放在美国战略预警体系“发展历史”的考察上，以宏观的视角来研究美国整个战略预警体系的发展，重点关注体系的整体发展和重点传感器布局，不过多涉及传感器技术的具体细节。

二是在研究战后美国战略预警体系的发展时，主要关注体系的重大突破。本书在考察战后整个美国战略预警体系由最初的单纯防空预警体系发展到涵盖陆、海、空、天诸领域的多维一体的战略预警体系的发展历程时，重点关注各个时期美国战略预警体系的重点突破。比如，由防空预警系统发展出反导预警系统，反导预警系统又衍生出空间监视系统。

三是将战后美国战略预警体系的发展置于战后国际格局演变、战略武器的发展、军事技术的进步等大背景下进行考察，以期深入研究美国战略预警体系发展背后的深层原因及规律。

四是重点研究美国战略预警体系对美国国家安全和军事战略，尤其是威慑战略的影响。这既是美国战略预警体系的服务对象，也是其重要战略意义之所在。

三、研究重点

第二次世界大战结束后，美国先后面临远程战略轰炸机、洲际弹道导弹与空间武器威胁，美国战略预警体系中的防空预警探测系统、反导预警探测系统与空间目标监视系统先后建立。本书把战后美国战略预警体系的发展历程，按照手段的发展与平台的拓展分为4个时期，分别是：第一阶段：战后到20世纪50年代末美国防空预警体系建设时期；第二阶段：20世纪60年代美国陆基反导预警体系建设时期；第三阶段：20世纪70—80年代美国部署弹道预警卫星和相控阵雷达，天地联合反导预警体系建设时期；第四个阶段：冷战后建设天基空间监视系统，打造多维一体的战略预警体系时期。在此基础之上对美国战略预警体系的发展进行评价，总结其建设过程中的经验与教训，最后提出对建设中国战略预警体系的思考与建议。

本书作为对第二次世界大战后美国战略预警体系的宏观研究，主要是回答以下几个问题：(1) 战略预警的科学内涵和外延究竟是什么？(2) 战后美国战略预警体系是如何演变的？为什么这样演变？(3) 美国战略预警体系对美国的国家安全与国家战略有什么重要作用？(4) 美国战略预警体系的发展有什么规律？其现代战略预警体系有什么样的特点？未来的发展趋势又如何？(5) 美国战略预警体系建设发展过程中有哪些经验和教训？(6) 战略预警体系对中国国家安全有何重要战略意义？以美国为鉴，中国战略预警体系建设过程中应注意些什么？

第六节　创新点

本书的主要创新在于：首先，厘清了战略预警基本概念。本书分析了国内外关于战略预警概念的分歧，找出了大小预警两种概念的内在逻辑联系，在新版《军语》“战略预警”定义的基础上，明确提出——战略预警的核心是对战略打击的预警，无论预警侦察探测还是预警情报分析，都是战略预警工作的重要有机组成。

其次，从战略研究的视角来考察美国战略预警体系的发展。如前所述，由于术业专攻，国内以往对美国战略预警体系研究，多侧重对技术与平台发展的研究，疏于对战略预警体系产生背景、发展原因的政治和战略原因的考察，更缺乏对战略预警体系对于国家安全战略意义的深入分析。本书将通过对美国战略预警体系在战后不同历史时期发展的内外动因的分析，总结美国战略预警体系对美国国家安全与军事战略的影响。

第三，本书重点分析了美国战略预警体系对于美国威慑战略的影响。威慑理论是美国的重要战略理论，本书通过历史考察和分析指出，无论是冷战时期的美国所实行的核威慑，还是后冷战时期美国人提出的空间威慑（或称太空威慑）理论，美国的战略预警体系都在其中发挥了重要作用。

第七节 几点说明

一、关于本书的研究对象

战略预警体系是一个庞大的体系，既包括前端的探测与监视，也包括中间的信息传输与处理，还包括后方的指挥与控制体系。本书只重点研究战略预警前端的探测与监视系统，因为它是整个战略预警体系的核心与基础，最能反映出整个战略预警体系的整体布局与发展。

二、关于美国的战略预警体系

虽然本书“战略预警”及“战略预警体系”是依据新版《中国人民解放军军语》，使用的中国话语体系下的概念，但在美国却确实存在与此相对应的真实的战略预警体系。美国有执行防空反导预警任务的“早期预警系统”（Early Warning System），如执行防空预警任务的“远程预警线”（Distant Early Warning，DEW），执行反导预警任务的“弹道导弹早期预警系统”（BMEWS）；此外，美国也存在“空间监视系统”（Space Surveillance System，SSS），由陆基的“空间监视网”（SSN）和天基的“天基监视系统“（Space-Based Surveillance System，SBSS）组成。之所以将美国的这几个系统归在一起研究，并不是因为中国的战略预警任务分为防空、反导和空间目标监视，而是因为这些系统内在的紧密联系。防空与反导系统的内在联系自不必多说，反导与空间监视系统也有十分密切的联系。美国执行空间监视任务的“空间监视网”中的“兼用”（collateral）与“借用”（contributing）陆基传感器主要是美国的导弹预警雷达，这些雷达在日常值班中不可避免地会搜索到空间目标；而反之，空间目标监视也有助于导弹预警，可以提高弹道导弹预警效率。①

三、关于本书中的“体系”与“系统”

需要说明的是，本书中反复出现的各种“体系”“系统”，在系统论中都是指一个有机整体，在英文中都是一个词“system”。本书为方便研究，在多个系统出现时，上一级系统称为“体系”，其下级为“系统”。本书将“战略预警体系”视做一个宏观整体，其下的“防空预警”“反导预警”“空间监视”等子体系称做“系统”。本书中具体使用“体系”还是“系统”表述，完全视研究层级而定，并不影响其内在含义与组成。

① 预警系统发现空间目标后，必须跟踪计算出其轨道参数，以确定该目标是绕地目标还是非绕地目标，即进行弹星分类。如果平时通过长期空间目标监视，积累出空间目标编目库，发现目标后就可以快速在编目库中搜寻匹配信息，如果库中有先验信息就可以迅速确定目标属性。这样只需要对新发现目标进行跟踪计算轨道参数，确定其是否为威胁目标即可，从而节约预警系统的计算时间，提高导弹预警效率。参见袁振涛等：“空间目标监视对弹道导弹预警影响分析”，《现代雷达》2013年第9期。

第一章　战后初期美国战略防空预警体系的建立

一个国家战略上的优势就在于其轰炸机能够到达敌人的国土而敌人的飞机则不能到达自己的国土。

——美国陆军总部航空兵司令安德鲁斯[①]

随着 1945 年 8 月 15 日日本天皇宣布无条件投降，第二次世界大战宣告结束，美国迎来了盼望已久的胜利。这场战争在使美国一跃成为世界第一强国的同时，也给美国留下深刻的记忆，其中最难忘的就是战争一头一尾的“一败一胜”。

1941 年日本在北上挑衅被苏联击退后，决心采取南下战略，为确保太平洋战争胜利，日本决定先发制人，偷袭美国太平洋舰队的母港——夏威夷珍珠港。1941 年 12 月 7 日清晨，350 余架日本飞机从日本航母起飞，对珍珠港海军基地发动了突袭。美军对日军行动毫无防备，仓促进行自卫。在不到 2 个小时的战斗中，日军 354 架舰载机分两波突击了港内的美军舰船和各航空基地，以损失 29 架飞机的微小代价，击毁美军飞机 188 架，击沉战列舰 4 艘、其他舰船 2 艘，击伤战列舰 4 艘、巡洋舰 3 艘、驱逐舰 3 艘，毙伤美军 4500 余人。[②] 这场不宣而战的突袭是对美国一个巨大的震撼。次日，美国总统罗斯福发表了著名的“国耻”演讲，随后签署了对日的正式宣战

① 华人杰等：《空军学术思想史》，北京：解放军出版社，2008 年，第 74 页。

② ［日］富永谦吾：《现代史资料·太平洋战争》，美铃书房，1975 年，第 808 页。

声明，太平洋战争正式爆发。虽然美国后来在太平洋战争中反败为胜，最终取得了对日战争的胜利，但珍珠港事件一直是美国人记忆中最黑暗惨痛的一页，成为美国军事和历史研究中“突袭”的代名词。

1945 年太平洋战争进入尾声。2 月，盟军发动硫磺岛战役。在历时 35 天的战斗中，美军付出了死伤 2.1 万余人的代价，约占登岛部队人数的 1/3。[①] 4 月，美军发动冲绳战役，耗时 3 个月，伤亡 7 万余人，损失飞机 760 余架、舰艇 400 余艘。[②] 美军本已制订了 11 月 1 日在日本南部的九州进行登陆和次年春在本州靠近东京的关东地区登陆的行动计划。但硫磺岛和冲绳战役的惨重伤亡，使得美军对日军的抵抗能力和己方可能的伤亡重新做出评估，预计美军为此将要付出 100 万人的代价，并且要到 1946 年才能迫使日本投降。[③] 1945 年 7 月 16 日，美国在新墨西哥州成功试爆了人类历史上第一颗原子弹。1945 年 7 月 26 日，美、英、中发表《波茨坦公告》，敦促日本投降。两天后，日本政府明确拒绝接受《波茨坦公告》。为减少盟军伤亡，加速战争进程，迫使日本早日投降，同时向苏联显示实力，抑制苏联在远东的扩张，美军决定对日本使用其刚刚研制成功的核武器。“1945 年 8 月 6 日美军在广岛投下原子弹，爆炸威力相当于 2 万吨梯恩梯当量，摧毁了 60% 的建筑物，使 71000 多人当场死亡，68000 多人受伤。8 月 9 日，美军又在长崎投下一颗钚弹，摧毁了长崎 44% 的建筑物，35000 多人死亡，60000 多人受伤。”[④] 8 月 15 日，日本天皇裕仁发布诏书，宣布日本无条件投降：“……敌人已开始使用一种新的更残酷的炸弹，它的破坏力确实是无法估计的，使许多无辜的生命遭到屠杀……这就是为什么我们已经命令接受盟国

---

① 军事科学院军事历史研究部：《第二次世界大战史（第四卷）》，北京：军事科学出版社，1998 年，第 511 页。

② 蔡祖铭：《第二次世界大战史简编》，北京：军事科学出版社，1983 年，第 164 页。

③ 军事科学院军事历史研究部：《第二次世界大战史（第四卷）》，北京：军事科学出版社，1998 年，第 595 页。

④ 郭世贞、裴美成：《军事装备史》，北京：解放军出版社，2007 年，第 811 页。

联合宣言的条款……”[①] 在这第二次世界大战最后一击中，美国利用其所拥有的远程轰炸机，使用了美国最新研制的原子弹，对日本进行了空中战略打击。原子弹的巨大威力给美国留下了深刻的印象。

在这场旷日持久的战争中，美国既是在战争之初败于空中突袭，又是在战争之末胜在空中突袭。作为空中突袭的受害者和实施者，空中突袭的巨大威力让美国记忆深刻。一场成功的空中突袭，既可以消灭一支舰队的主力，也可以使一个城市化为灰烬。如果未来出现一个比日本更加强大、又像美国一样拥有核武器和战略轰炸机的对手，它对美国可能造成的危害将远超珍珠港。因此，美国要极力避免在核时代再遭受一次“核珍珠港”式战略突袭。

核武器问世初期，轰炸机是唯一的投送工具。这一客观现实，决定了轰炸机在战后初期大国军事战略中的地位。“提高轰炸机质量并加快其发展步伐，组织与实施轰炸机的核突击，以及防御轰炸机的核突击，成为这一时期两大军事集团空军建设和空军军事学术研究的重点课题。”[②]

第二次世界大战结束初期，美国国内曾产生过究竟是优先发展战略空军打击力量，还是优先建设以战略防空预警网为主体的防御体系的大辩论，最终确定下来建设北向的防空雷达预警线，以提供对苏联越过北极来袭的远程战略轰炸机的预警。这一浩大工程一直持续到20世纪50年代末，美国在北美大陆由美加边境向北依次建立起若干条防空雷达预警线，形成美国战后最早的战略预警防御体系。

第一节　美国核垄断地位的丧失与面对战略轰炸威胁

1945年美国投在广岛的原子弹，在慑服败局已定的日本的目的

① 郭世贞、裴美成：《军事装备史》，北京：解放军出版社，2007年，第811页。

② 华人杰等：《空军学术思想史》，北京：解放军出版社，2008年，第162页。

背后，更包含着震慑苏联，增加战后与苏联谈判砝码这一潜在的意图。

美国的核垄断带来一个重要的战略现实：美国可以毁灭苏联城市而苏联却没有能力攻击美国本土。苏联很快还从美国核垄断中推导出另一个战略现实，在不久的将来，美国核武器将带来一个后果：西方国家将以美国的核盾牌威慑苏联的报复，从而参与反对苏联控制地区的行动中。[①] 由于自身的脆弱，苏联将无法挑战西方，尤其是直接挑战美国。因此，苏联只有尽快发展出自己的核武器，才能在战后与包括美国在内的西方世界的斗争中不落下风。

一、苏联拥有原子弹与发展远程轰炸机

早在 1942 年，苏联就做出了研制原子弹的决定。在美国人垄断核武器的时代，苏联一方面公开贬低核武器的军事意义，另一方面却在暗地里加快研制的步伐。在波茨坦会议期间，杜鲁门利用会议休息时间向斯大林暗示，美国已经拥有一种新炸弹，其爆炸威力相当于两万吨黄色炸药。在波茨坦会议结束回国后，斯大林立即指示苏联科学家加快原子弹的研制进度。1949 年 8 月 29 日，苏联终于成功试爆了第一颗原子弹，打破了美国的核垄断。

苏联早就意识到了远程轰炸机的重要战略意义，渴望拥有远程轰炸机。苏德战争爆发后，苏联非常想得到当时美国波音公司设计生产的著名的四引擎重型螺旋桨轰炸机——B－29“超级堡垒”(Super Fortress)。9 吨的载弹量、6000 千米的航程、万米以上的实用升限，使得 B－29 成为二战中名副其实的“超级空中堡垒”，后来的东京大轰炸以及原子弹投放都是以 B－29 为平台。二战中，斯大林曾多次向美国提出，希望依据租赁法案得到 B－29，但美国政府均予以婉拒。美国只愿为苏联提供战斗机、中程轰炸机和运输机。

① U. S. Army Center of Military History, *The History of Strategic Air and Ballistic Missile Defense*, VolumeI 1945－1955. p. 8, http://www.history.army.mil/html/books/bmd/BMDV1.pdf.

尽管不能通过租借法案从美国公开获得这种武器，苏联还是通过对在二战末期迫降苏联的美国 B－29 轰炸机[①]进行研究，成功仿制出了图－4（Tu－4，北约代号“公牛” Bull）。1947 年，苏联生产出了第一架图－4，同年 5 月首次试飞。1951 年 10 月 18 日，苏联用图－4成功投掷了原子弹。

虽然战后初期苏军积极防御战略的基础仍然是以陆军为主体的诸军兵种协同作战，但苏联“在强调保持强大陆军的同时，提出了优先发展原子弹、防空歼击机和远程轰炸机的武器装备发展规划。武器装备‘三优先’发展规划在20 世纪四五十年代的全面实施，一方面使苏联空军远程轰炸机有了飞临美国上空，进行原子突击的能力；另一方面又使其空军和国土防空军的防空歼击机实现了喷气化，并进入了超音速时代”。[②]

1950 年，苏联研发出了图－16（Tu－16，北约代号“獾” Badger）。这是苏联图波列夫设计局在20 世纪 50 年代设计与生产的一款双引擎喷气式高亚音速中程轰炸机，第一架原型机于 1952 年 4 月试飞，当年 12 月开始生产，1954 年进入前线空军服役，它的服役标志着苏联进入了喷气战略轰炸机时代。

1951 年苏联米亚西舍夫（又译米亚谢夫）设计局研制了米亚－4（M－4，北约代号“野牛” Bison），它是苏联第一种重型喷气式轰炸机。1953 年夏首次试飞，1954 年“五一”节初次公开出现，1957 年开始服役。米亚－4 是作为航程上万千米的远程轰炸机设计的，它一出现就引起了西方的高度关注。著名的“轰炸机差距”就是因它而起。然而由于米亚－4 从方案到上天仅用了不到两年，加上又采用了不少新技术，其性能长期达不到设计指标。实际航程只

---

① 苏联至少扣压了以下三架迫降在苏联境内的美国 B－29 轰炸机：1944 年 7 月 29 日，美国以空军上尉霍华德·贾雷尔为首驾驶的一架编号 42－6256 的 B－29 从成都起飞，在执行了对驻扎在中国满洲里的日军的袭击任务后于返航途中发生故障，迫降海参崴；1944 年 11 月 10 日或 11 日，在对九州大村市的夜间空袭后，编号 42－6365 的 B－29 受损迫降到海参崴；1944 年 11 月 21 日，编号 42－6358 的 B－29 因为同样原因迫降苏联。

② 华人杰等：《空军学术思想史》，北京：解放军出版社，2008 年，第 168 页。

能达到8000千米，飞行高度也不够，载弹量低，操控性也较差。

苏联开始意识到它的远程航空兵与美国的战略空军相比，主要的不足在于“腿短”——航程不够远。为了打破美国战略轰炸机的垄断地位，苏联加紧研制它自己的远程轰炸机。1951年苏联开始研制图-95（Tu-95，北约代号“熊”Bear），其设计的基本要求就是能够飞越北极打击美国本土。1954年首次试飞，1957年交付使用。图-95是苏联第一种能够飞越北极对美国进行战略轰炸的轰炸机。最高时速925千米，最大航程15000千米，最大载弹量25000千克。图-95是苏联战略核突击的基本力量，也是服役时间最长的战略轰炸机。

二、战后苏联恢复远程航空兵建制并提出空中战役理论

除了积极发展战略武器，苏联也恢复了远程航空兵这一战略力量的建制。苏联远程航空兵的前身是1936年组建的苏联红军统帅部特种使命集团军，1940年改称远程轰炸航空兵，1942年又改称远程作战航空兵。1944年12月远程作战航空兵建制被撤销，其部队改编为苏联空军第18集团军。1946年苏联在将空军升格为一个独立军种的同时，也对远程航空兵的作用和地位进行了重新评估，恢复了苏联的远程航空兵建制，使其担负起破坏敌后方纵深重要军事目标的任务。到20世纪50年代末，苏联空军的远程轰炸航空兵已发展成为一支编有3个集团军和若干个独立航空兵军的空中突击力量。①

在恢复远程航空兵建制的同时，苏联提出了空中战役理论。战后初期苏军认为：“空中战役的最重要任务，主要突击目标是敌战略目标，如机场、导弹兵器、航空母舰、导弹潜艇和核武仓库等。”②苏军认为苏联空军部队已经具备了完成空中战役的基本条件，轰炸

① 华人杰等：《空军学术思想史》，北京：解放军出版社，2008年，第170页。
② 同上书，第175页。

机航程的不断提高，使得远程航空兵具备了战略轰炸能力。轰炸机不但可以使用各种性能的常规炸弹，还可以使用携带核弹头的导弹和核炸弹，对美国构成直接威胁。

三、美国对来自苏联战略威胁的估计

在二战末期和战后初期，美国人对苏联核技术的发展严重估计不足。在 1946 年 7 月 25 日的关于训练和部署的第一份战略航空司令部计划中，战略航空司令部指出："我们国家最好的战略家们认为，当前或未来三到五年，都不会存在主要的战略威胁或需求。"① 当 1947 年 11 月 6 日苏联外长莫洛托夫发表声明称"原子弹的秘密已不复存在时"，美国人认为这只是虚张声势，美国国防部在 1947 年度的报告中估计："未来几年，也许是长达 8—15 年以内，只有美国才拥有数量可观的原子弹。"同年公布的康普顿报告表示："我们不能十分有把握地说，1951 年以后仍然唯独只有我们拥有原子弹，但是绝大多数了解原子弹生产情况的科学家和工程师相信，最早也要到 1955 年我们才可能遭到大量原子弹的进攻。"

1947 年 12 月中央情报局局长发布了一份由中情局、海军情报办公室和陆军 G—2 联合准备的评估。评估承认苏联在 1947 年的成果已经达到了"曼哈顿工程"在 1943 年的水平。但是，由于苏联的进展速度只有美国的 1/3，评估认为，苏联在 1953 年前不可能有原子弹，而且"几乎可以肯定"苏联拥有原子弹不会早于 1951 年。②

直到 1949 年苏联进行核试验时，美军参谋长联席会议仍一直估计，要到 1952 年苏联才能制造第一颗原子弹。③ 参联会认为，1952

---

① Wainstein, C. D. Cremeans, J. K. Moriaty, J. Ponturo, *The Evolution of U. S. Strategic Command and Control and Warning (1945 – 1972)*, June 1975, p. 83, http://www.dtic.mil/dtic/tr/fulltext/u2/a331702.pdf.

② Ibid., p. 84.

③ 军事科学院世界军事研究部：《世界军事革命史》，北京：军事科学出版社，2012 年，第 1260 页。

年前苏联还不会有质量可靠的原子弹来发动针对美国的决定性核战争，1953 年前，苏联将主要依靠高爆、化学与生物打击。① 就连美国民间对美国长期垄断核武器也持乐观态度，当时通用电气公司副总裁沃尔特·R. G. 贝克就认为除了美国之外，没有哪一个国家拥有足够的财富、物资和工业资源来生产原子弹。②

美国的核垄断只维持了 4 年。1949 年 9 月 24 日苏联塔斯社发表声明，宣布苏联原子武器的研究工作已经成功，并且已经掌握原子武器的生产技术。消息传来，美国举国震惊，美国的核垄断也正式宣告结束。

随着美国对核武器垄断的结束，原子弹就从美国的杀手锏变成了美国面临的战略威胁。美国人不得不认真考虑对苏联可能发动的核打击的防御问题。在原子弹只能由轰炸机携带的岁月里，核打击的防御主要是防空问题。这使得美国对苏联轰炸机的发展极为关注。也许是对苏联核武器发展的情报评估保守的教训所致，美国对苏联战略轰炸机的情报评估又走向了另一个极端，出现了夸大的趋势。参联会对苏联轰炸机能力的估计是，当时苏联已经具有单程打击任何美国国内重要目标的能力，而阿拉斯加和面向太平洋的美国西北部都在苏联轰炸机现有基地的作战半径内（参见图 1—1）。美国情报界估计，到 1948 年 9 月，苏联将有 210 架具有这种能力的远程轰炸机，而改进型轰炸机到 1952 年估计将达 1600 架，而且，苏联发展空中加油能力也是可能的。③

---

① L. Wainstein, C. D. Cremeans, J. K. Moriaty, J. Ponturo, *The Evolution of U. S. Strategic Command and Control and Warning (1945 – 1972)*, June 1975, p. 93, http://www.dtic.mil/dtic/tr/fulltext/u2/a331702.pdf.

② ［美］伯纳德·布罗迪等著，于永安等译：《绝对武器》，北京：解放军出版社，2005 年，第 42 页。

③ L. Wainstein, C. D. Cremeans, J. K. Moriaty, J. Ponturo, *The Evolution of U. S. Strategic Command and Control and Warning (1945 – 1972)*, June 1975, p. 92, http://www.dtic.mil/dtic/tr/fulltext/u2/a331702.pdf.

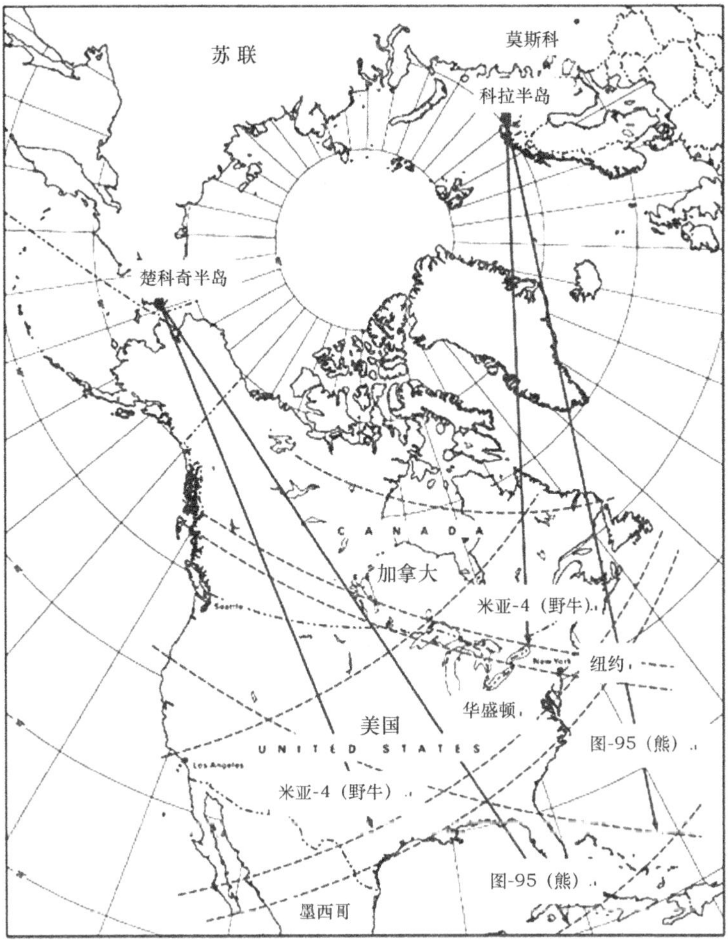

图 1—1　美国估计的苏联轰炸机能力①

图片来源：U. S. Army Center of Military History, *The History of Strategic Air and Ballistic Missile Defense*, *Volume I 1956 – 1972*. p. 33, http://www. history. army. mil/html/books/bmd/BMDV1. pdf.

1955 年 7 月在图什诺（Tushino）机场苏联航空节阅兵式上，10

① 图中第一条线是苏联远程轰炸机不进行空中加油所能到达的范围，第二条线是空中加油后能够到达的范围。从图中可以看出，如果苏联轰炸机从苏联最东北部的科拉（Kola）半岛或最西北部的楚科奇（Chukehi）半岛起飞，它们能到达北美大陆美国本土境内任何目标。从这张图也能看出，苏联到美国的空中航线，北极航线是最短的。

架米亚－4 轰炸机飞过观礼台，然后立马淡出人们的视线，迅速转身，与另外 8 架飞机再次飞过看台上空，给现场嘉宾呈现一种错觉——一共有 28 架米亚－4 轰炸机在飞。西方分析家从虚幻的 28 架飞机外推，判断到 1960 年苏联将拥有 800 米亚－4 轰炸机。1956 年 7 月 U－2 飞机飞临萨拉托夫（Saratov）附近的英格尔斯（Engels）机场，拍摄到 10 架米亚－4 轰炸机，情报机构据此结合掌握的苏联轰炸机基地的数量，推算苏联已经部署了上百架此类飞机。事实上，U－2 实际拍摄到的是全部米亚－4 轰炸机，其他基地一架都没有。苏联用这两件事成功地欺骗了西方情报机构，使其确信苏联在战略轰炸机上对西方拥有的绝对优势，从而认定苏美之间存在巨大的"轰炸机差距"。

而事后西方情报机构才得知，到 1963 年生产线关闭止，苏联总共才生产了 93 架米亚－4，它们中的大多数被用作加油机或海上侦察机，只有最初航空节上展示的 10 架和后来 9 架改进的 3MD13 型用作核用途。米亚－4 没有大规模生产的主要原因是它没能达到最初的航程目标，只能飞行 8000 千米。而当时苏联不像美国拥有海外基地，米亚－4 不能在打击完美国后安全返回友好国家的基地。所谓的"轰炸机差距"，只是美国人心理上对苏联战略力量的畸形放大。

第二节　战后初期美国防空预警体系的建立与发展

美国自建国以来，凭借两洋夹护，使本土和国民免受外敌攻击。然而飞行时代的来临，使地理隔绝不再是防御外敌入侵的天然屏障。核武器和洲际轰炸机的出现，打破了美国安全赖以存在的时间和空间盾牌。①

① ［美］阿伦·米利特等著，张淑静等译：《美国军事史》，北京：解放军出版社，2014 年，第 400 页。

1946 年 3 月 27 日，美国陆军航空队重建了防空司令部（Air Defense Command，ADC）。[①] 但美国政府在战后初期对待防空问题的态度是矛盾的。防空问题理论上是航空力量建设所必需的内容，但在谈及资源分配上却不是必需的。1946 年底至 1947 年初，随着世界局势的发展，美国民众开始担忧美国的防空。此时，防空司令部还主要依靠航空国民警卫队（Air National Guard，ANG）和预备役人员来操作它仅有的少数资源。美国国内围绕“美国防空究竟是需要一个‘实实在在’的防空体系，还是仅靠航空国民警卫队和预备役人员就足够了”，展开了关于防空问题的第一次大辩论。[②]

防空司令部建立之时，美国国内没有一部搜索雷达在运作。陆军航空队司令斯帕兹（Carl A. Spaatz）上将在 1946 年 5 月面对一个国会委员会时直接阐述，他无意将大量拨款从正规的陆军航空队移至防空方面，并且宣布他将主要依靠航空国民警卫队和预备役人员来运作防空。[③]

斯帕兹的态度代表着当时美军关于防空问题的看法。问题的关键在于资源分配。大多数美国陆军航空队或后来美国空军的领导认为应该集中资源发展美国战略打击力量。他们认为，限制防空不仅是由于缺乏资金，更主要是由于当前并没有面临现实的苏联空中威胁。由于 20 世纪 40 年代末预算大幅压缩，航空队以及后来成立的空军宁愿选择将有限的资源用于发展战略打击力量——这是一笔实实在在的资产，而不像防空领域一样充满了不确定性。

随之而来的问题是：是选择推迟几年部署防空系统——等到威胁更加突出、新装备也问世了再部署；还是使用即将迅速过时的第二次世界大战的装备来立即部署。

---

① 美军中原来有防空司令部编制，但在 1943 年，随着第二次世界大战战场形势的好转，美国本土防空被决策者置于低优先地位，防空司令部也因此被解散了。

② L. Wainstein，C. D. Cremeans，J. K. Moriaty，J. Ponturo，*The Evolution of U. S. Strategic Command and Control and Warning*（*1945－1972*），June 1975，p. 89，http：//www. dtic. mil/dtic/tr/fulltext/u2/a331702. pdf.

③ Ibid.，p. 90.

在 1946 年到 1947 年间，关于防空司令部当前任务的讨论在陆军航空队、其他军种，以及国会中一直在持续。但是，独立的空军成立在即，1947 年 5 月，斯帕兹指示防空司令部不要再就防空问题施压，直到独立的空军成立。这样，建立一个象征性的防空系统的工作也停滞下来。直到 1947 年 5 月，搜索雷达在华盛顿州的阿灵顿（Arlington，Wash.）和加利福尼亚州半月湾（Half Moon Bay，Calif.）建立起来，但是它们只是部分时间运转，主要目的是用于训练。①

1947 年 7 月美国空军成立，但防空司令部的计划一直没有实际行动。1947 年 11 月 12 日，国防部长宣布了一个全国范围的雷达早期预警系统正在建设当中，这就是刚刚独立的美国空军提出的名为“霸权”（Supremacy）防空预警方案。计划建设由美国本土的 374 个雷达站和 14 个控制中心与阿拉斯加的 37 部雷达和 4 个控制中心组成的雷达网。② 该项目计划如果能立即得到资金支持，系统将于 1953 年中期开始运行。届时，雷达站将向地区控制中心报告入侵飞机，然后报警给拦截飞机。一旦拦截飞机起飞升空，雷达站将为拦截机对抗入侵飞机提供控制与导航。整个方案预计经费高达 6 亿美元。然而，刚刚独立的空军却更想把有限的经费用在建设战略空军的战略进攻力量上，因此“霸权”计划没有被批准。③

就在“霸权”项目正在考虑之中时，美国与苏联的关系迅速恶化。空军情报机构警告苏联正在准备针对美国的一场突袭。1948 年 3 月 27 日，考虑到华盛顿汉福德（Hanford）原子能委员会下属工厂的脆弱性，空军命令新近部署的位于阿灵顿、汉福德、波特兰的雷

① L. Wainstein, C. D. Cremeans, J. K. Moriaty, J. Ponturo, *The Evolution of U. S. Strategic Command and Control and Warning (1945 - 1972)*, June 1975, p. 91, http://www.dtic.mil/dtic/tr/fulltext/u2/a331702.pdf.

② David F. Winkler and Julie L. Webster, *Searching the Skie: the Legacy of the United States Cold War Defense Radar Program*, June 1997, p. 16, http://www.dtic.mil/tr/fulltext/u2/a331231.pdf.

③ L. Wainstein, C. D. Cremeans, J. K. Moriaty, J. Ponturo, *The Evolution of U. S. Strategic Command and Control and Warning (1945 - 1972)*, June 1975, p. 91, http://www.dtic.mil/dtic/tr/fulltext/u2/a331702.pdf.

达开始24小时运行。这是美国启动正式预警系统的最初步骤。[①]

1948年底，空军提出了“霸权”方案的压缩版——“临时计划”（Interim Plan），准备在美国本土建立61个雷达站和10个控制中心，在阿拉斯加建立10个雷达站和1个控制中心。[②]“临时计划”系统与理想方案相差甚大，但是它的确是截至1952年有限的资金所能完成的代表。“临时计划”系统于1949年3月被国会批准。

1949年下半年的一件事唤起了大众对防空问题的关注。8月，在空军的鼓励下，波音公司宣布将B－47的生产由西雅图转移至不那么危险的堪萨斯州维奇塔（Wichita）。这项宣布引起了西雅图市政官员和阿拉斯加州长的抗议。他们认为波音的转移代表空军默认了阿拉斯加和西北部面对苏联攻击的脆弱性。在众议院武装力量委员会对于B－36项目的听证会上，海军领导也质疑空军缺乏防空开销。这时，空军内部也有专家提出，建设防空雷达预警线对战略空军的轰炸机训练也很有帮助，战略空军司令部的轰炸机需要通过与实际的雷达网络对抗，才能提供一个关于其作战能力的现实评估。这样一个雷达网络不仅能探测入侵者，还能成为战略空军司令部提供发展规避探测战术的试验床。[③]

至此，建设防空预警雷达网的呼吁占了上风。为了填补“临时计划”系统完成前的空缺，防空司令部下令建设一套临时的雷达系统，命名为“捆绑”（LASHUP）系统。系统将包括44个二战中使用的雷达站，1948年末开始建设，到1949年春，18部雷达被总署在美国东北部，但直到1950年中期“捆绑”系统才完成（参见图1—2）。[④] 整个系统部署在

① L. Wainstein, C. D. Cremeans, J. K. Moriaty, J. Ponturo, *The Evolution of U. S. Strategic Command and Control and Warning (1945－1972)*, June 1975, p. 93.

② Ibid., pp. 93－94.

③ David F. Winkler and Julie L. Webster, *Searching the Skie: the Legacy of the United States Cold War Defense Radar Program*, June 1997, p. 19. http://www.dtic.mil/tr/fulltext/u2/a331231.pdf.

④ L. Wainstein, C. D. Cremeans, J. K. Moriaty, J. Ponturo, *The Evolution of U. S. Strategic Command and Control and Warning (1945－1972)*, June 1975, p. 94, http://www.dtic.mil/dtic/tr/fulltext/u2/a331702.pdf.

美国加利福尼亚州以及美国东北、西北一些主要大城市周围。

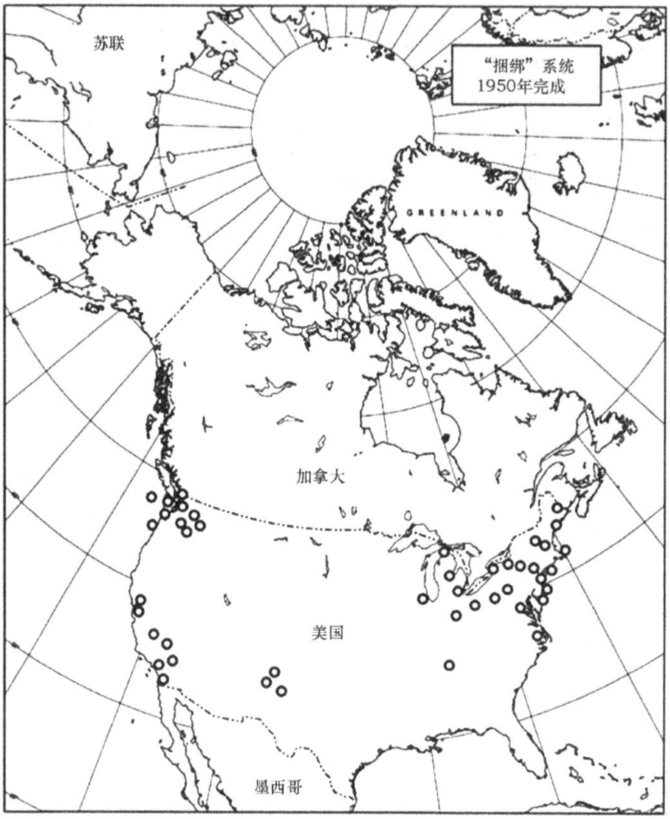

图1—2　1950年4月完成的"捆绑"（Lashup）防空系统①

图片来源：U. S. Army Center of Military History, *The History of Strategic Air and Ballistic Missile Defense*, *Volume I 1945 – 1955*. p. 136, http://www.history.army.mil/html/books/bmd/BMDV1.pdf.

1949年苏联原子弹研制成功与1950年朝鲜战争的爆发，极大地刺激了预警系统的发展。1950年初的美国国家安全委员会第68号文件（NSC –68）得出结论，苏联将在1954年具备对美国发动毁灭性打击的能力。报告中的一项建议是建设一个能对打击提供预警的主动的

① 从这幅图可以看出，随着"捆绑"防空系统的建立，美国东北及西北、西南的主要大城市群周边都建立起了防空雷达网覆盖。

防空体系，以此来挫败苏联轰炸机打击，但又不用诉诸核报复。[1] 于是，美国开始着手在北部边境建设针对苏联轰炸机的防空预警雷达网。

20 世纪 50 年代，美国在北美大陆从美加边境向北直至北极地区依次建设了三条防空雷达预警线，分别是“松树线”“中加拿大线”和“远程预警线”（参见图 1—3）。

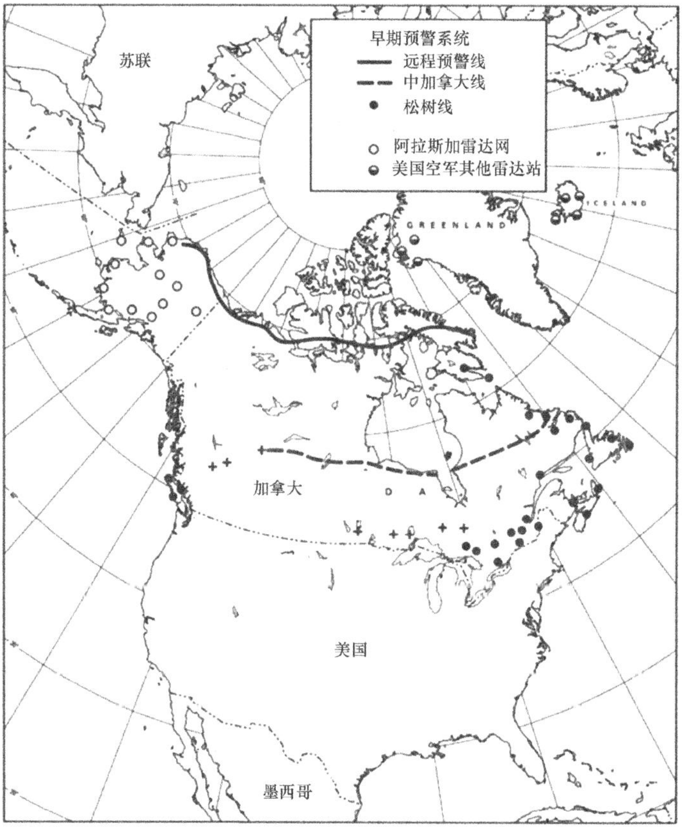

图 1—3　战后初期美国建设的三条防空雷达预警线示意图

图片来源：U. S. Army Center of Military History，*The History of Strategic Air and Ballistic Missile Defense*，*Volume I 1945 – 1955*. p. 135，http：//www. history. army. mil/html/books/bmd/BMDV1. pdf.

---

① L. Wainstein，C. D. Cremeans，J. K. Moriaty，J. Ponturo，*The Evolution of U. S. Strategic Command and Control and Warning*（*1945 – 1972*），June 1975，pp. 94 – 95，http：//www. dtic. mil/dtic/tr/fulltext/u2/a331702. pdf.

一、第一条防空雷达预警线“松树线”的提出与建设

“松树线”是第一个探测苏联轰炸机对北美攻击的防空预警雷达系统，沿北纬 50 度线部署在美加两国边界线两侧的系列防空预警雷达站，由北美防空司令部（North American Air Defense Command, NORAD）负责运行。人员来自美国空军和加拿大空军，其中一大半是美国空军。这条线于 1951 年开始建设，1955 年底投入使用，全线共建了 30 个雷达站。有效探测距离达 800 千米，引导距离达 320 千米，“能够在敌机到达美国本土前 10—15 分钟发出警报”。[①]

（一）“松树线”的计划与部署

“松树线”的计划最早出现于 1946 年加拿大和美国的联合机构“常设联合防务委员会”（Permanent Joint Board on Defense，PJBD）的设想中。但是，在战后维持这样一个系统的运作开销太大了，因此这个计划最初没有付诸实施。

随着苏联的第一颗原子弹试验成功，情况发生了变化。1949 年美国国会批准了 1.61 亿美元的与加拿大空军的合作建设项目。美国大陆空军司令部（Continental Air Command，CONAC）和加拿大空军于 1950 年 10 月开始了计划设计。1951 年 1 月“常设联合防务委员会”提出了《扩展大陆雷达防御体系的 51/1 建议》（*Recommendation 51/1 for the Extension of the Continental Radar Defence System*）。美国空军本来还要求额外 6 个机动站点来提供低空覆盖，后来由于最初的雷达系统比预期表现得更好，这些机动站点就未再被部署。

系统最终部署了 33 个主站和 6 个小的补盲站点。为了覆盖加拿大的一些城市，这些站的大部分在西边靠近 53 度纬线，而在东边则靠近 50 度纬线。第二条线从东海岸加拿大新斯科舍（Nova Scotia）

---

① ［苏］瓦·达·索科洛夫斯基主编：《军事战略》，北京：中国人民解放军战士出版社，1980 年，第 219 页。

省的南端到巴芬岛（Baffin Island）的南端。其中，22 个主站及全部的补盲站由美国空军支付，剩下的 11 个站由加拿大空军负责；但是，主站中的 16 个由加拿大空军的人员来值守。

“松树预警线”主要装备的有 AN/FPS－3、AN/FPS－6、AN/CPS－3、AN/CPS－3A、AN/CPS－6B、AN/CPS－9 等雷达。其中 AN/FPS－3 是固定式远程警戒雷达，对轰炸机的作用距离为 430—560 千米；AN/FPS－6 是远程测高雷达，作用距离可达 400 千米；AN/CPS－6B 是美国最早的三座标对空警戒与引导雷达。

1955 年 1 月 1 日，“松树线”防空预警雷达系统正式交给加拿大皇家空军司令部，随着时间的推移，又额外增加了 10 个站。

（二）“松树线”的缺陷

早在“松树线”建造伊始，专家们就开始担忧它的能力和质疑它的选址。

首先是“松树线”系统使用老旧的脉冲雷达，这种雷达相当容易被干扰，并且由于散射无法探测到近地目标。尽管会比较耗油，苏联轰炸机还是会采取低空飞行来规避探测。它们最终只会在抵近预警雷达时才会被发现，但是发现得如此之晚已经没有机会来进行拦截了。

其次，“松树线”的站点太靠南，且靠近美国和加拿大的人口中心，这意味着它只能提供“最后 分钟预警”（last minute warning），当它探测到喷气式飞机潜在的攻击时，几乎没有时间在攻击到达加拿大或美国北部城市前采取任何行动。随着苏联逐步采用喷气式轰炸机，“松树线”所能提供的短暂预警时间几乎毫无意义。

因此，对“松树线”作用的质疑甚至在它投入运行之前就已经有了。而早在 1951 年，关于在更北边建造一个更小系列的更有效的多普勒雷达站的研究就已经在进行了。这个系统后来发展为“中加拿大预警线”。

"松树线"站点后来修改成为"赛其"(SAGE)① 防空系统的一部分。"赛其"系统大大降低了这些站的工作量，削减了过半的员工需求。尽管如此，"松树线"的许多站点一直运行到20世纪80年代，特别是那些在大西洋和太平洋海岸的站点。

二、改进和继续北推的"中加拿大线"

"中加拿大线"也称做"麦吉尔篱笆"(McGill Fence)，是一条横跨中加拿大、提供苏联轰炸机对北美攻击早期预警的雷达系统。建设它是用来补充没它那么先进的、更靠南部的"松树预警线"。"这一线上的雷达站能够在敌机到达美国北部边界前四十至五十分钟将情况报告给美国防空部队的指挥机关。"② "中加拿大线"1955年开始建设，1958年初建成投入使用，由100余部雷达组成。

(一) 雷达系统的改进

加拿大原子能有限公司(Atomic Energy of Canada Limited, AECL)的粉笔河(Chalk River)实验室及英国总警司通讯研究机构的负责人路易斯(W. B. Lewis)博士，曾向国防研究委员会(Defence Research Board, DRB)建议采用多普勒雷达系统来替代"松树线"所采用的普通雷达。这就是"前向散射双基地雷达"(forward scatter bistatic radar)，它采用双天线，一个发射机和接收机，相隔60千米远。任何飞过两个天线间的飞机一旦进入波束，引起接收到的信号的改变，就会被探测到。该系统依赖于根据多普勒效应，飞

---

① "赛其"(SAGE)系统是20世纪50年代初美国在美国本土北部和加拿大境内建立的半自动地面防空系统(Semi-Automatic Ground Environment)缩写的音译。该系统用于收集、处理、传递、显示空情以及防空兵器战备状态的信息，跟踪和识别来袭的飞机，并指挥高炮、地空导弹和引导歼击机进行拦截作战。该系统共部署了36种214部雷达，其中包括127部远程雷达和87部低空补盲雷达。1968年美国建立备用拦截控制系统即"贝克"(BUIC)系统，作为"赛其"系统的备用系统。1984年美国建立"联合监视系统"(JSS)以取代"赛其/贝克"系统。

② [苏]瓦·达·索科洛夫斯基主编：《军事战略》，北京：中国人民解放军战士出版社，1980年，第219页。

机的速度可以引起雷达反射波频率的改变，雷达可以被像地面这样的静态物体所捕获。尽管信号可以被反射和接收，由于地面不会运动，信号没有频率变化，可以被轻易地过滤掉。

该系统的另一个优点是它要求更少的功率来正常运行。一个传统的脉冲雷达要花上很多时间来关机，接收它自己信号的反射。为了保证反射有足够的能量被探测到，每个脉冲都必须非常强。而在一个收发分置的双基地雷达中，信号被持续发射出去，即使频率上极细微的变化也能被捕获和放大，所以只需极小的信号。与已经存在的“松树线”相比，路易斯博士的系统只需更小的站点和更小的功率。

该系统主要的缺点在于，它不能在波束中指示出飞机的位置，只能简单地指示哪股波束被“折断”了。路易斯建议建立一条两个站的、波束能够重叠的、形成一个连续的“篱笆”。这不仅使其中一条线能覆盖另一个天线的死角，而且能通过看哪几条波束被折断，在 30 千米内确定飞机的地点——这个距离正好在拦截飞机雷达的探测范围内。路易斯的设计将能够看到从地面到 2 万米高空的飞机。

国防研究委员会最终在 1950 年至 1951 年采纳了路易斯的想法，把研究合同给了麦吉尔大学（McGill University）加菲尔德·伍顿（Garfiel Woonton）教授带领的伊顿电子研究实验室（Eaton Electronics Research Laboratories）。路易斯建议国防研究委员会由伍顿和代表国防研究委员会（Defence Research Board）在该大学工作的副教授 J. 伦尼·怀特海德（J. Rennie Whitehead）出任项目负责人。

同时，国防研究委员会还引进了美国无线电公司（Radio Corporation of America，RCA）的维克多（Victor）来设计和大规模生产实验用的接收机、发射机和天线。试验在 1953 年夏季进行，怀特伍德和他的美国无线电公司团队以及加拿大皇家空军的人员建立并运行了沿渥太华河谷从渥太华（Ottawa）到马特瓦（Mattawa）的一系列 7 个站点。试验代号为“蜘蛛网”（Spider Web），用蒙特利尔（Montreal）附近的休伯特（Hubert）防空站的飞机做了试验。

（二）研究与部署

1953年2月，加美军事研究小组（Canada-U. S. Military Study Group，MSG）被要求从总体上研究北美防空系统和预警系统，这是两国所共同关注的问题。加美军事研究小组要求加拿大和美国的防空司令部各自准备这个主题的汇报。1953年7月加拿大防空司令部完成了它的报告，美国空军随后也完成了。两份报告都建议在更北端沿北纬55度线建立一道多普勒雷达防线，位置大约在加拿大詹姆士湾进入哈得逊湾的入口。

1953年10月，军事研究小组建议两国政府尽早沿北纬55度线从美国阿拉斯加（Alaska）到加拿大纽芬兰（Newfoundland）建立早期预警线，并描绘出它们的最低操作需求。到1953年11月底，“中加拿大线”已经原则上通过。不同于联合操作的“松树线”和未来的“远程预警线”，“中加拿大线”完全由皇家加拿大空军资助和操作。国防研究委员会评估该系统花费了大约6970万美元，而独立的皇家加拿大空军的报告则为8500万美元。

继续的实验证明了雷达站可以更远地分隔到90千米间距，降低了所需站点的数量。然而造价却上升了，现在估算要大约1.2亿美元。尽管最终报告还没有出来，系统工程小组在6月把它写入了临时报告，它在月底被批准了。在这份报告内，他们描绘了将要完成的系统，它要求建8个主要的“区控制中心”，编号从200到900，每个控制30个无人值守雷达配置点，总共90个雷达站。区控制中心之间以加拿大武器研究与发展机构（Canadian Armament Research and Development Establishment，CARDE）研制的高级微波通讯系统相连。沿这条线东部最南的站点，位于哈得逊湾的汉丽埃塔玛丽亚角（Cape Henrietta Maria），被用作主通讯站点，3个另外的中继站将数据向南传输到位于安大略（Ontario）北湾（North Bay）的北美防空联合司令部（NORAD）中心。位于加拿大拉布拉多（Labrador）霍普代尔（Hopedale）最东部的站与已经存在的“松树线”的站在同一地点合作以节约工程造价。

所有经过这条线的飞机必须事先填报飞行计划。该方案还呼吁在这条线的北端建设几个飞行基地，称为“警戒线许可机场”（Line Clearance Aerodromes），以便拦截的飞机在高度警戒时行动。

“中加拿大线”的建设开始于 1956 年，进程很快。到 1957 年 4 月，东半部已经可以运作。1958 年 1 月 1 日这条线宣布正式运行。即便是系统工程小组改进的评估最后也显得太低，这条防线的最终造价为 2.25 亿美元。“中加拿大线”的业务很快融入新成立的北美防空联合司令部（NORAD）。

（三）缺陷与未来发展

“中加拿大线”运行不久，皇家加拿大空军就开始对维护这条线的经费持保留态度。尽管技术上比“松树线”更高级，“中加拿大线”却未能在计划反应或引导拦截机方面提供信息，这些任务仍然需要位于更南面的“松树线”雷达。“中加拿大线”所提供的额外时间并不被认为值得保持这条线运行。早在这条线可以运行之前，一条新的更强大的雷达预警线已经在研究之中，它将合并“松树线”的标绘功能和“中加拿大线”的越线发现能力，并且位于更北端，以大幅改进探测和反应时间。“远程预警线”的建设早在“中加拿大线”运行前就开始了。

随着威胁由轰炸机变为洲际弹道导弹，“中加拿大线”的大部分站点只短暂地在 20 世纪 50 年代末到 60 年代中期使用，早期预警的角色就被能力更强、更靠北的“远程预警线”所取代。

1957 年“远程预警线”开始运行，“中加拿大线”的价值就开始减退了。皇家加拿大空军开始迫切要求拆除它，美国空军同意了。西半部在 1964 年 1 月关闭，东半部留下来防御加拿大和美国的工业地区。但是随着苏联将它的进攻能力转移到洲际弹道导弹上来，无论是“中加拿大线”还是“松树线”系统，作用都十分有限，整个“中加拿大线”于 1965 年 4 月关闭。

三、“远程预警线”的争论与部署

“远程预警线”是冷战期间为探测来袭苏联轰炸机而在加拿大北极地区建设的雷达系统，沿北纬69—70度线配置，距美加边境1600千米，东起冰岛西岸，西至阿留申群岛，全长9600千米。“远程预警线”是三条雷达预警线中位置最北和威力最大的雷达系统，“能够完全控制北极地区的空间，能够在敌机（包括低飞的飞机）到达美国北部边界以前二至三小时发现它们并报知给防空部队的指挥机关”。[①] 1955年开始建设，1957年建成，共56部雷达。

（一）“远程预警线”的论证

“远程预警线”产生于麻省理工学院林肯实验室夏季研究小组1952年8月所做的详细研究。研究的主题是美国和加拿大对于空投炸弹袭击的脆弱性。研究的结论建议是尽早建立北美大陆横跨北极地区的搜索雷达的远程早期预警线。

最初国防部和空军对这份研究报告都不热情，报告也没被立即批准，主要的原因在于预算。美国空军反对这项建议，认为威慑战略不需要将这么大量的资源投入到防空系统上，同时认为投资于防空系统可能会影响到战略反击力量的建设。1952年底成立的凯利委员会（Kelly Committee）于1953年5月报告称，尽管美国防御力量的主要组成是战略打击力量，但更好的防空系统，特别是预警系统，仍然是需要的。国防部指派了哈罗德·R. 布尔（Harold R. Bull）少将为主席的另一个委员会来研究防空问题。布尔小组于1953年7月向国家安全委员会报告，称现在的防空计划完全不够，并估计需要的改进将耗资180亿—250亿美元。[②] 报告最终没有被国家安全委员

① ［苏］瓦·达·索科洛夫斯基主编：《军事战略》，北京：中国人民解放军战士出版社，1980年，第219页。

② David F. Winkler and Julie L. Webster, *Searching the Skie: the Legacy of the United States Cold War Defense Radar Program*, June 1997, p. 29, http://www.dtic.mil/tr/fulltext/u2/a331231.pdf.

会采纳。

1953年7月的“顺风”（TAILWIND）演习证明了夏季委员会对预警与防空系统不足的批评的正确性。战略空军司令部派出了94架战斗机来对抗防空系统，使用了所有可能的技术——夜袭、突袭、牵制攻击、电磁对抗、饱和攻击等等。只有7架飞机被成功拦截。接下来的一天是白日攻击，防空系统拦截了38架战机中的29架。由于实际上最有可能发生攻击的时间是晚上，演习实际上证明了对更好的预警系统的需求。①

打破对“远程预警线”反对的是1953年8月苏联第一枚热核武器的爆炸。美国参联会迅速将大陆防空与大规模报复列为国家面临的两大关键军事问题。8月26日，新任参联会主席拉德福德海军上将（Radford）在他的首次记者招待会上宣布苏联热核武器的发展将推动美国反思和加强它的防空。

最终在1953年10月6日，国家安全委员会通过了国安委第162号文件（NSC-162），这份文件包括进了夏季研究小组的大部分发现，认为“远程预警线”与自动化尤其重要。

（二）“远程预警线”的建设

苏联技术的改进使得“松树线”和“中加拿大线”不足以提供足够的早期预警。1954年2月15日，加拿大和美国政府同意联合建造第三条雷达站线——“远程预警线”，这次穿越高纬度北极地区。这条线基本上沿北纬70度线走，大约在北极圈以北300千米。

“远程预警线”主要的站点为57个，沿69度线每隔50英里分布。AN/FPS-19远程脉冲雷达是主要搜索雷达，可以探测距离为296千米，高度在13千米。AN/FPS-19在低空受限，AN/FPS-23

① L. Wainstein, C. D. Cremeans, J. K. Moriaty, J. Ponturo, *The Evolution of U. S. Strategic Command and Control and Warning (1945-1972)*, June 1975, pp. 103-104. http://www.dtic.mil/dtic/tr/fulltext/u2/a331702.pdf.

被设计出来填补低空的空隙。两种雷达都装了自动报警装置，既可以发出声音也可以显示出来。

1958年9月2日美国举行了代号为“红海”（RED SEA）的试验，测试远程预警线的作战能力。战略空军司令部（SAC）的12架B－52和KC－97飞机在2000—45000英尺高度73架次穿越远程预警线识别区（DEW Identification Zone，DEWIZ）。没有一架能逃脱AN/FPS－19搜索雷达链。73架中的72架被报告给后方，其中71架被北美防空司令部和皇家加拿大空军防空司令部的值班员正确接收。①

但这并不意味着试验表明系统没有问题。问题主要存在于两方面。一是人员的素质问题，有的工作人员报告没有发现，而实际上他们的目标却被别人报告了。因此操作员需要接受更好的培训。更严重的问题是AN/FPS－23与AN/FPS－19雷达的自动报警系统的虚警问题。测试中，两种报警系统都触发了比真实情况更多的虚警。AN/FPS－23每分钟多达4次虚警，几乎使操作人员对该系统失去信心。而AN/FPS－19搜索雷达总体表现虽然不错，但总共发出的9750次警报中也只有14%是真实的。云层、浮冰和电磁干扰都可能触发虚警。②

远程预警线所提供的早期预警对于洲际弹道导弹和潜射导弹是无用的，它所防御的是可能带有有限核打击的空中入侵，它通过提供对数小时前就在极北端出现的空中入侵部队的早期预警来防止“相互确保摧毁”。相当一部分中继站由于它们的作用不如期待和所要求而退役。有人值守的站点则保留下来监视潜在的苏联活动，同时也帮助加拿大维护北极主权——因为国际法要求一个国家对所声称的领土有效占领和防御。

---

① L. Wainstein, C. D. Cremeans, J. K. Moriaty, J. Ponturo, *The Evolution of U. S. Strategic Command and Control and Warning* (*1945－1972*), June 1975, p. 205, http://www.dtic.mil/dtic/tr/fulltext/u2/a331702.pdf.

② Ibid., p. 206.

（三）“远程预警线”的改进

由于洲际弹道导弹的出现造成了“远程预警线”所无法防御的现象，1958 年美国联邦政府授权建造“弹道导弹早期预警系统”，预算为 280 亿美元。

1985 年，决定用通用电气的 AN/FPS－117 雷达系统升级“远程早期预警线”的站点，并和新建的站点一起融入“北方预警系统”（North Warning System，NWS）。它们的自动化程度被提升了，另外一些站点被关闭了。升级于 1990 年完成。随着冷战结束和苏联解体，美国撤回了它的人员，放弃了在加拿大站的全部活动，把它们交给了加拿大，加拿大部分雷达站的开销仍由美国资助。

第三节　防空雷达预警线对美国国家安全的作用

20 世纪 40—50 年代的核战略实际上是核轰炸战略。在核战争准备中，无论是核突击还是核防卫，空军都首当其冲。空军在核突击和核防卫中的使命和作用，决定了空军在核战略和核武装力量建设中的突出地位。[①]

战后初期，美国国内曾有人认为，世界上还没有一国的空中力量与美国相比居于优势，因此也不可能发动对美国先发制人的突袭。对此，美国早期著名核理论家伯纳德·布罗迪却不认同，他在《绝对武器》一书中分析道：

> 处于劣势的空中力量只要肯于做出牺牲，也能突破防御到达敌人目标。空袭珍珠港的日本飞机，当时在数量上比驻扎在珍珠港的美国飞机要少得多。当然，那是一次未曾宣布敌对状态的突然袭击，但是，未来也必须考虑到这种可能性。不管怎

① 华人杰等：《空军学术思想史》，北京：解放军出版社，2008 年，第 165 页。

么说，日本空军袭击冲绳以外的我方舰船是发生在双方公开处于敌对状态三年多之后；诚然，日本人在任何时间里都不处于优势，而且经过两个多月的作战损失了4000多架飞机，然而，日本人成功地击沉或重创了253艘美国战舰。就此而言，英国人在飞机数量上远未超过德国人之前，就曾有效地空袭了德国纵深的目标，而自己却未遭到重大损失。战争已经毫无疑义地表明，天空是如此之辽阔，某一方不管处于怎样的优势，都无法将敌人的飞机完全关闭在领空之外。①

此外，从己方来看，布罗迪认为："要实现对对手的有效核威慑，就要让潜在的侵略者相信，如果他们首先发动进攻，绝不会从中得到任何好处；而做到这一点的唯一办法，就是确保军事力量的生存能力，使之能够在报复行动中对侵略者实施破坏性打击。"②

洲际弹道导弹问世前，美国的反战略空袭方法是建设雷达防空预警线并维持战略轰炸机空中实弹待命。美国战略空军司令部常年保持战略轰炸机带弹在空巡逻。这样做，既可以避免美国的战略轰炸机在苏联发动的第一波次打击中连机带弹被一网打尽，而丧失报复的手段；又可以保证在接警后迅速对苏联展开报复行动。

由于珍珠港的心理创伤，美国人对突袭心有余悸。二战后拥有核武器的苏联显然比二战中的日本更为可怕。在战后美苏同盟关系不复存在、冷战大幕行将拉开的大背景下，部署战略防空预警侦察体系，既是对苏联可能的战略突袭未雨绸缪，防范于未然；又可以借此清楚地告诉苏联人，他们的战略核空袭不会成功，从而慑止其利用战略轰炸机对美实行军事核打击。

---

① ［美］伯纳德·布罗迪等著，于永安、郭莹译：《绝对武器》，北京：解放军出版社，2005年，第23—24页。

② 军事科学院世界军事研究部：《世界军事革命史》，北京：军事科学出版社，2012年，第1285页。

美国人认为，由于美国与苏联在地球上所处的相对位置，“苏联用飞机对美国的进攻所能采取的方向有限。美国和苏联在空防方面投入同等数量的资源，美国将得到较大的战略收获，因为美国只需在很少几处进路上加以防守，而苏联却须防守很长的一条国境线”。①

而且由于美国成功的联盟战略，20 世纪 50 年代美国“战略空军大约有 2000 架飞机，集中在大约 30 个基地上”，② 这些遍布全球的海外空军基地与防空雷达预警线相组合，就可以保证美国的战略核力量不会被苏联一场突如其来的战略核轰炸一网打尽，从而也确保了美国对苏联的核威慑。

在《核武器与对外政策》一书中，基辛格分析认为，由于苏联不能精确知道美国的核报复兵力的分布情况，为了确保核打击成功，它必须力图在首轮攻击中打掉美国战略空军司令部海内外的所有一切基地，而且最好是同时进行。但是苏联的地理位置使它们同时进攻美国的所有一切基地几乎是不可能的。由于从苏联本土起飞的飞机飞临美国本土比飞临美国海外空军基地的时间要长得多，苏联的打击就面临两种选择。一是对美国本土和海外基地同时发动攻势。其结果是进攻美国国内的苏联轰炸机还没有到达“远程预警线”，其进攻海外基地的轰炸机就已经被美国侦知，从而使美国国内预有准备，客观上增加了美国境内战略空军司令部的预警时间。二是苏联空军可调整轰炸机的起飞时间，使飞机同时到达这两组目标。而这样一来，美国的海外空军基地就可以得到和美国境内基地同样的预警时间。③

按照基辛格的上述分析，无论苏联同时发动对美国海外空军基地和美国国内空军基地的打击，还是设法使它的战略轰炸机群同时

① ［美］亨利·基辛格：《核武器与对外政策》，北京：世界知识出版社，1959 年，第 103 页。

② 同上书，第 107 页。

③ 同上书，第 103 页。

到达这两处目标，都逃不出美国的核报复。同时出动，则海外基地客观上发挥了预警作用，使美国国内基地可得到充裕的预警时间防御并发动核报复。同时到达，则“远程预警线”发挥作用，使美国海外基地的预警时间延长，可以在打击美国国内基地的苏联轰炸机还在穿越加美边境时就从海外基地出发进行核报复打击。按照基辛格的估算，“美国北部的目标至少会有2小时的警戒时间，南方的目标可能有3小时的警戒时间。”① 而美国战略空军司令部的基地大多在南方，这样长的预警时间，足够美国出动相当规模的战略核报复力量发起反击，再加上美国战略空军司令部常年带弹升空巡航战备值班的那部分力量，美国完全有机会在接到预警后给予苏联毁灭性反击。②

因此，在美国决策者看来，有了防空雷达预警线，就可以确保不在一场苏联突然发动的战略突袭中失去所有的战略轰炸机，丧失战略报复的权利，从而捍卫了自己核反击的能力，形成对苏联的战略威慑。

小 结

第二次世界大战中的“珍珠港事件”给美国人留下了关于突袭的惨痛记忆。“珍珠港”这个词在美国已成为突袭的代名词，以致在核时代美国人担心对手对其实施“核珍珠港”（nuclear Peal Harbor）式的战略突袭，在后冷战时代面临空间威胁时美国人又担心“太空珍珠港”（space Peal Harbor）事件的发生。

二战结束后，拥有核武器与远程轰炸机的苏联成为美国的重点防范对象。在经历了国内优先发展战略打击力量还是防御力量等一

---

① ［美］亨利·基辛格：《核武器与对外政策》，北京：世界知识出版社，1959年，第106页。

② 同上。

系列争论后，随着冷战的加剧和苏联战略武器发展，美国感受到来自苏联空中核打击的战略威胁，着手打造以苏联远程轰炸机为主要目标的防空雷达预警线，采取“以空间换时间”的策略，先后在美加边境、加拿大中部和加拿大北极地区部署了三条北向的防空雷达预警线，以提供对苏联远程战略轰炸机经北极航线对北美大陆打击的预警。美国在北美大陆部署的防空雷达预警线和美国遍布全球的战略空军基地一起，使得苏联无法在一次战略突袭中完全毁灭美国的战略打击力量，从而形成对苏联的战略威慑，在冷战初期维护了美国国家安全。

第二章　20世纪60年代美国陆基反导预警体系的建设

在未来的世界大战中，密集的火箭核突击对实现战争的目的将起决定性作用。实施火箭核突击将是基本的、决定性的作战方法。

——瓦·达·索科洛夫斯基：《军事战略》①

1957年8月21日苏联成功发射了世界上第一枚洲际弹道导弹——SS-6，10月4日又成功发射了世界上第一颗人造卫星——"斯普特尼克1号"（Sputnik I）。"斯普特尼克""颠覆了美国人持之以恒的自信心，使美国决策者产生了技术'珍珠港'的知觉"。②"由于卫星技术与弹道导弹技术的亲缘关系，美国本土遭遇了有史以来第一次的现实威胁恐怖。"③ 如何应对苏联快速发展的战略导弹，成为摆在美国决策者面前亟待解决的问题。

美国在20世纪50年代精心打造的防空雷达预警线络，无论是"赛其"系统的最新型频率分集雷达AN/FPS-24、AN/FPS-27、AN/FPS-35和测高雷达AN/FPS-6，还是"远程预警线"的搜索

① ［苏］瓦·达·索科洛夫斯基主编：《军事战略》，北京：中国人民解放军战士出版社，1980年，第434页。

② 张杨："美国的外层空间政策与冷战——兼论冷战的知觉错误与过度防御心理"，《美国研究》2005年第3期，第124页。

③ 同上。

雷达AN/FPS-19，最远探测距离不过数百千米。如果预警目标是轰炸机还可以得到半小时以上的预警时间，但如果对象是导弹，就只能得到微不足道的区区几分钟预警时间。而且，这些原本设计来跟踪速度3马赫以内的飞机的雷达，根本无法跟踪最高飞行速度可达20马赫的弹道导弹。

面对苏联迅速发展的导弹技术，美国于20世纪50年代建立起来的防空雷达预警线已无能为力。美国必须迅速改进其雷达技术，提高雷达的探测距离和跟踪能力，部署能够远距离探测来袭苏联洲际弹道导弹的战略预警体系。

第一节　美国对苏联洲际弹道导弹威胁的评估

20世纪50年代末出现的洲际弹道导弹（Intercontinental Ballistic Missile，ICBM）是继战略轰炸机之后的又一种新型战略武器。相较于远程战略轰炸机，洲际弹道导弹具有很多优点：一是速度快。战斗机的飞行速度一般在3马赫以内，导弹的飞行速度则可以达到20马赫。一般从发射到击中目标的时间在半小时以内。二是射程远。洲际导弹导弹的射程可以达到上万千米。三是威力大。“核武器及其现代化投射工具（火箭）……具有如此大的杀伤破坏力，以致使武器在历史上第一次从支援和保障军队作战的手段变成了独立完成战役和战略任务的手段。”①

洲际弹道导弹的出现，打破了人类战争的传统概念。首先，导弹远距离的射程，颠覆了传统战争中战略纵深的概念。导弹问世前的战争，双方总有身处腹地、不易为对方所打击到的战略纵深。有了导弹，进攻方无需攻城略地就能到达对方战略纵深，可以直接使用导弹对对方战略纵深进行打击，战略纵深的战略意义大打折扣。

---

① ［苏］瓦·达·索科洛夫斯基主编：《军事战略》，北京：中国人民解放军战士出版社，1980年，第480页。

其次，导弹打破了传统战争中攻与防的概念。由于导弹的高速度，加上不断进步的突防技术，使得核导弹几乎无法防御。防御导弹的最好手段，就是用己方的导弹瞄准对方，以报复进行威慑。这就使战略核导弹本身既是打击敌人的利器，也是威慑对手，使其不敢对己发动打击的防御手段。

如果说在原子弹和战略轰炸机的发展过程中都是美国人占得了先机，在弹道导弹的研制上则是苏联人一度走在了前列。

一、苏联早期弹道导弹的发展①

20世纪50年代是苏联战略导弹发展的第一阶段。1947年10月，苏联成功试射了第一枚导弹——SS-1，射程仅为60—320千米，后来的SS-2射程达到600千米。苏联第一种可供实战使用的导弹是SS-3，射程可达1200千米，采用无线电制导，1955年开始少量装备部队。SS-4的射程达到了2000千米，1959年列装。SS-5的射程进一步提高到4000千米。1957年研制成功的SS-6，是苏联真正意义上的第一种洲际弹道导弹，其射程已经可以达到8000千米，命中精度为3.7千米。第一代战略弹道导弹只能携带单弹头，命中精度较低。

20世纪50年代末到60年代中期是苏联战略导弹发展的第二阶段。该阶段主要成果是SS-7和SS-8。1961年开始部署的SS-7射程达到11000千米，命中精度提高到1.9千米。早期仍采用地面发射，生存能力较差，后期改用地下发射，生存能力得到提高。这一代弹道导弹采用两级串联结构的可储液体推进剂，因而射程得到提高。

20世纪60年代中期苏联开始发展第三代战略导弹。这一代导弹除当量继续提高外，主要改进之处在于：采用了集束式多弹头和突

---

① 如无特殊说明，本小节导弹参数皆出自张翔主编：《世界主要国家核导弹武器发展路线图》，北京：国防工业出版社，2013年。

防装置，提高了突防能力；采用惯性制导，提高了命中精度；加固了地下井，提高了导弹生存能力。这一代导弹有 SS－9、SS－11、SS－13、SS－14、SS－15、SS－16 等。像 SS－9“悬崖”（Scarp）的当量已经达到2500万吨，SS－11“赛果”（Sego）的最远射程可达12000千米。

此外，苏联还在大力发展潜射弹道导弹。苏联早期陆基导弹射程有限，为了对美国形成战略威胁，苏联试图将陆军战术导弹移至潜艇上抵近美国沿海发射，以弥补射程的不足。“P－11ФM 是苏联最早装备海军的近程弹道导弹，由陆军战术弹道导弹 SS－1B 改装而成，1955年9月16日，在白海成功从 B－611 型潜艇进行了水面发射，这是世界上首次发射的潜射弹道导弹。”① 此后苏联不断改进其潜射导弹性能，研发出 SS－N－4 和 SS－N－5。其中，SS－N－5 是苏联第一种水下发射的潜地导弹，于1964年开始服役。这一代导弹射程不远，SS－N－5 仅能达到1420千米。1968年研制成功的 SS－N－6，属于苏联第二代潜射弹道导弹，采用液体火箭推进，惯性制导，射程已经可达2500千米。

二、苏联的火箭核战略

1954年，苏军正式列装核武器，并开始进行核条件下的训练与演习。1960年初苏联组建了战略火箭军这一新的军种，拥有302个独立导弹团、7个导弹旅及2个集团军和1个常规军的编制，这标志着苏联的火箭核战略理论形成。苏联的火箭核战略有如下要点。

（一）认为未来的战争必然是火箭核大战

苏联认为，未来世界大战，首先是火箭核战争，首先且主要依靠战略火箭军，将大量使用火箭核武器。以往的战争爆发模式将彻

① 张翔主编：《世界主要国家核导弹武器发展路线图》，北京：国防工业出版社，2013年，第152页。

底被改变。

（二）主张利用火箭核武器先发制人、突然袭击

苏联尤其重视战略进攻，宣传“苏军战略行动的基本样式是进攻”，“应当采取坚决而积极的行动，首先是以战略武器实施毁灭性的核突击”。他们否定战略防御，断定“防御理论决不会带来胜利”。他们强调“先发制人、突然袭击是进行未来战争最有效的方式，是取得胜利的决定性条件，可以达到速决战的目的。他们说，现在已不是先敌几星期、几天，而是先敌几小时、几分钟开始战斗行动，特别是先敌使用火箭核武器，就可以决定胜利”。[①]

在这种思想指导下，苏联格外重视战争初期的作用，认为“火箭核战争将根本改变原来的关于武装斗争的发展分为几个时期或阶段的概念……战争初期的作用将大大提高，将成为决定整个战争的发展和结局的基本的、决定性的时期……从战争的最初几分钟起，就充分使用核武器破坏和消灭敌国全境内最重要的目标，以便在战争初期的短时间内就达到主要的政治目的和战略目的”。[②]

（三）强调火箭核突击的作用

20 世纪 60 年代初，苏联建立战略火箭军，其他军种也开始大量装备火箭核武器，苏军的作战指导思想发生了根本性的变化。苏军认为，以往那种由陆军起主要作用的战略进攻理论已不适应火箭核战争的要求。火箭核武器空前地扩大了战争的规模，战争可能同时席卷敌对双方联盟各国的全部领土，而不只局限在战场上。因此，实施大规模的火箭核突击是现代条件下的主要作战方法。战略火箭军、远程航空兵和导弹核潜艇三者相结合，实施猛烈而集中的火箭核突击，就能一举摧毁对方的军事和经济潜力、政治中心、战略核武器和军队集团，不管它是在战区内还是在战区之外，从而迅速达

① 军事科学院外国军事研究部：《苏联军事基本情况》，北京：军事科学出版社，1992 年，第 19 页。

② 同上书，第 19—20 页。

成战争的政治目的和军事目的。[①]

第二节　美国陆基弹道导弹预警体系的建设

由于苏联导弹技术的飞速发展和洲际导弹的出现，美国20世纪50年代大力建设的防空雷达预警线迅速过时。正如时任国防部长罗伯特·麦克纳马拉（Robert S. McNamara）所指出：

> 1950年代所建设的监视、预警和控制网络，原本是用来对付从北方而来经加拿大及大西洋和太平洋侧翼的轰炸机打击……但是（在20世纪60年代），在任何针对美国的蓄谋已久的打击中，我们可以断定敌人将首先使用他的导弹，然后才是他的飞机。这样，在轰炸机到达它们的目标之前很久，导弹本身就标志着打击开始。结果是，大量20世纪50年代建设的现存的监视、预警与控制系统，对于我们的总体国防而言，要么已经过时，要么临近废弃。[②]

为了及早侦察到苏联的导弹发射，美国开始大力建设弹道导弹预警体系，从1958年开始，先后建设了“弹道导弹预警早期系统”（BMEWS）、“南方预警系统”和“潜射弹道导弹预警系统”（SLBMEWS）。

一、“弹道导弹早期预警系统”的建立

为了防御苏联越过北极地区而来的洲际弹道导弹，为美国本土

---

① 军事科学院外国军事研究部：《苏联军事基本情况》，北京：军事科学出版社，1992年，第20页。

② L. Wainstein, C. D. Cremeans, J. K. Moriaty, J. Ponturo, *The Evolution of U. S. Strategic Command and Control and Warning* (*1945 – 1972*), June 1975, p. 208, http: //www. dtic. mil/dtic/tr/fulltext/u2/a331702. pdf.

提供15分钟预警时间，使美国战略空军司令部的战略轰炸机能及时起飞，美国于1958年决定兴建“弹道导弹早期预警系统”，即“474L”计划。该系统又称北方弹道导弹预警系统，由美国空军负责，美国、英国、加拿大和丹麦协作，美国无线电公司负责整个项目的研发与试验，参加此工程的企业多达2900个。

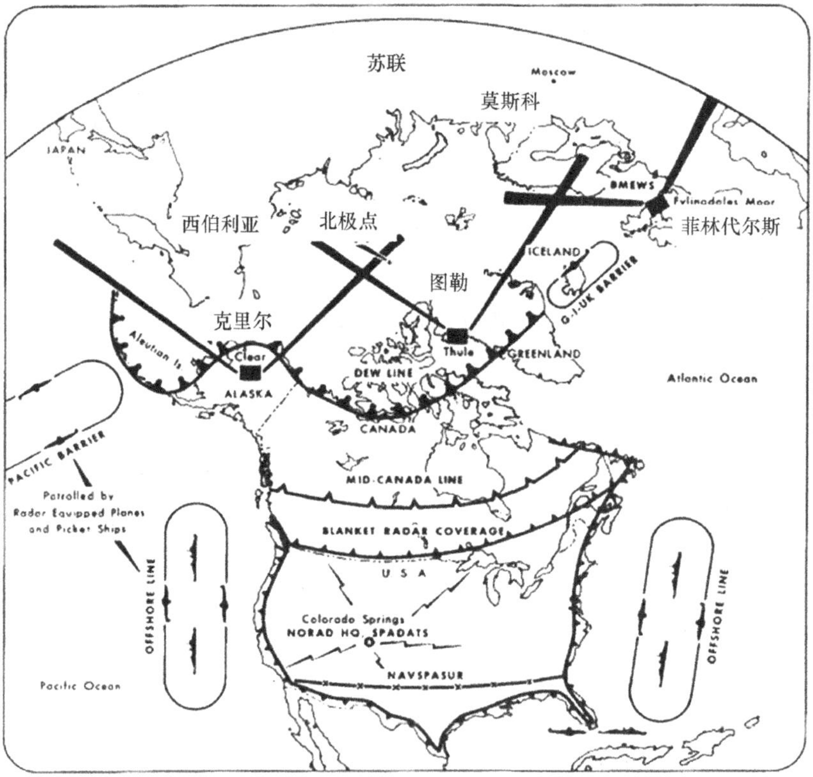

图2—1　20世纪60年代的“弹道导弹早期预警系统”示意图

图片来源：David F. Winkler and Julie L. Webster, *Searching the Skie*: *the Legacy of the United States Cold War Defense Radar Program*, June 1997, p. 38, http://www.dtic.mil/tr/fulltext/u2/a331231.pdf.

美国的“弹道导弹早期预警系统”是美国最早的弹道导弹预警系统。在建设这个针对苏联的弹道导弹预警系统时，美国依然贯彻了以空间换时间的思想，依托其联盟战略，尽可能地把其预警雷达阵地部署在远离美国本土、靠近苏联的美国盟友土地上，以换取更多的预警时间。为此，美国分别选取了在丹麦格陵兰岛的图勒空军基地（Thule AFB）建设“弹道导弹早期预警系统”第一站（BMEWS－1），在阿拉斯加州的克里尔空军基地（Clear AFB）建设第二站（BMEWS－2），在英国约克郡（Yorkshire）菲林代尔斯沼泽地（Fylingdales Moor）建设第三站（BMEWS－3）。三个站点的位置及覆盖范围如图 2—1 所示。

表 2—1　“弹道导弹早期预警系统”布站基本情况

	地点	完成时间	投资（亿美元）	AN/FPS－49 超远程跟踪雷达	AN/FPS－50 超远程搜索雷达	AN/FPS－92 超远程跟踪雷达
第一站	格陵兰图勒	1960 年 10 月	4.25	1 部（1962 年补设）	4 部	—
第二站	阿拉斯加克里尔	1961 年 6 月	3.5	—	3 部	1 部（1966 年补设）
第三站	英国约克郡菲林代尔斯	1963 年 9 月	1.2	3 部（2 部搜索用，1 部跟踪用）	—	—

三个雷达预警站共有 12 部远程预警雷达，探测距离为 3200—4800 千米。所使用的雷达有 3 种型号。第一种是 AN/FPS－49 超远程扫描跟踪雷达，可自动跟踪目标，算出目标发射点、弹着点及命中时间；第二种是 AN/FFS－50 型三坐标多普勒超远程警戒雷达，最大探测距离 4800 千米；第三种是 AN/FPS－92 远程跟踪雷达，可对在助推段飞行的弹道导弹实施跟踪定位和弹道估算，并根据目标特征鉴别究竟是真弹头还是诱饵，提供拦截导弹发射所需的弹道等

关键数据。“弹道导弹早期预警系统”三个站点最初所使用的雷达及性能如表2—2所示。

表2—2 “弹道导弹早期预警系统”雷达主要性能

雷达型号	AN/FPS－50	AN/FPS－49	AN/FPS－92
用途	远程预警	预警与跟踪	预警与跟踪
波段	L波段	400—500兆赫	425兆赫
体制	脉冲多普勒	脉冲多普勒	单脉冲
脉宽	2000	2000	1
重复频率	27赫兹	27赫兹	45赫兹
峰值功率	7—10兆瓦	5兆瓦	8兆瓦
天线型式	抛物柱面反射器	旋转抛物面	圆抛物面
天线尺寸	高50米、长122米	25.6米（直径）	26米（直径）
扫描方式	机电扫描	机械扫描	机械扫描
波束宽度	方位0.4度	仰角上7度，下3.5度	2度
扫描范围	方位40度 仰角0—8度	方位360度 仰角0—90度	方位360度 仰角0—90度
作用距离	5000千米	3200千米	3200千米

资料来源：陈勇华、陈玲：“美国弹道导弹预警系统（BMEWS）预警雷达升级发展概况”，《电子工程信息》2007年第3期，第2页。

1958年夏，弹道导弹早期预警系统第一站在格陵兰岛的图勒空军基地开工建设，该站点能提供对发射自欧亚大陆的大多数导弹的预警（如图2—1所示），因此得到最优先建设权，1960年10月建成投入使用，总共部署了4部AN/FPS－50搜索雷达和1部AN/FPS－49跟踪雷达。其中，AN/FPS－50搜索雷达由马丁和马里埃塔公司研制，它主要负责计算目标轨道或弹道参数，如果判定目标危险，则交由AN/FPS－49雷达继续跟踪测量，同时上报北美防空司令部（NORAD）。AN/FPS－49跟踪雷达由通用电气政府电子系统分部研制，是远程单脉冲跟踪雷达，主要用于发现、跟踪和识别来袭弹道导弹目标。

1961年，美国开始在阿拉斯加州的克里尔空军基地建设弹道导弹早期预警系统的第二站，部署了3部AN/FPS－50搜索雷达，提供对发射自远东西伯利亚方向的导弹预警（如图2—1所示），1961年底开始运行。1966年又增加了1部美国无线电公司（RCA）研制的AN/FPS－92跟踪雷达。AN/FPS－92比AN/FPS－49有三个方面的改进：一是用液压轴承代替滚珠轴承，提升了跟踪精度；二是采用部分集成电路，提升了整体可靠性；三是提升了抗干扰能力。AN/FPS－92更擅长跟踪低弹道目标，而这恰好是AN/FPS－50搜索雷达的不足。①

1962年美国无线电公司（RCA）在英国约克郡菲林代尔斯沼泽地建立了雷达站，这是弹道导弹早期预警系统的第三站，提供对来自苏联最西部发射的以美国为目标的洲际弹道导弹的预警（如图2—1所示），同时也为欧洲提供苏联发射的以西欧为目标的中程导弹的预警。该站拥有3个直径40米的天线罩的机械操纵雷达AN/FPS－49。其中两部AN/FPS－49雷达用于低空搜索，一部AN/FPS－49雷达用于跟踪。该站于1963年9月开始运行。

整个“弹道导弹早期预警系统”工程从1958年开始建设，1963年9月全部完工，耗时5年，总耗资约9亿美元，年维护费用约为1亿美元。“雷达站的最大探测距离：当导弹弹头的有效反射面积为1平方米时是5000公里，当反射面积为0.5平方米时是3800公里。”②对于最大弹道高度为1300千米的低弹道上的目标，能给出15分钟的预警时间，并能预测数目有限的弹头的落点，预测精度是：纵向

---

① 刘兴等：《一体化空天防御系统》，北京：国防工业出版社，2011年，第95页。

② ［苏］H.A.洛莫夫等著，军事科学院译：《科学技术进步与军事上的革命》，北京：中国人民解放军战士出版社，1982年，第66页。

370 千米，侧向 90 千米。[①]

早期的“弹道导弹早期预警系统”存在一定的功能缺陷：AN/FPS－50 超远程搜索雷达的上下波束仰角固定，存在较大的漏失目标可能性，遇到多目标时容易发生混乱，不能测出轨道；而 AN/FPS－49 和 AN/FPS－92 超远距离跟踪雷达都不能跟踪多目标，图勒与克里尔两个站都各只有一部超远程跟踪雷达可精测弹道。此外，整个“弹道导弹早期预警系统”对付低轨道目标的能力也较弱。

二、古巴导弹危机催生出的“南方预警系统”

1962 年爆发的古巴导弹危机中，苏联企图把中程核导弹运进古巴，绕过美国的“弹道导弹早期预警系统”，从美国未设防的“后院”直接威胁美国。为此，美国决定在研制 AN/FPS－46 电扫描相控阵雷达的基础上由本迪克斯（Bendix）公司在佛罗里达州西北部埃格林空军基地（Eglin AFB）建造 AN/FPS－85 大型相控阵雷达，加强对来自南部方向威胁的监控。这部雷达原定于 1965 年 4 月 15 日交付使用，但在最后测试中于 1965 年 1 月 5 日起火被烧毁，1966 年重建，1968 年夏移交空军，1968 年 12 月投入使用。整个工程从研制到重建耗时 6 年多，耗资 6200 万美元。AN/FPS－85 是世界上第一部有源相控阵雷达，[②] 可以用来探测和跟踪从北美大陆南部向美国大陆发射的弹道导弹，其位置及覆盖范围如图 2—2 所示。

三、“潜射弹道导弹预警系统”的早期建设

1964 年，苏联第一种能由潜艇从水下发射的弹道导弹 SS－N－5 装备部队，射程只有 1420 千米，其后的 SS－N－6 射程能达到 2500

---

① ［苏］H. A. 洛莫夫等著，军事科学院译：《科学技术进步与军事上的革命》，北京：中国人民解放军战士出版社，1982 年，第 66—67 页。

② 王小谟、张光义：《雷达与探测》（第二版），北京：国防工业出版社，2008 年，第 241 页。

千米以上。潜射弹道导弹轨道高度低，导弹攻击方向机动，使得美国现有的战略预警体系所能提供的预警时间很短，迫使美国改变战略重点，着手研究“潜射弹道导弹预警系统”，即“474N”计划。1964年美国阿夫科公司（Avco Corp.）投资3000万美元开始着手改装东西海岸的“赛其”（SAGE）系统中的防空雷达AN/FPS-26，改进后的AN/FPS-26被命名为AN/FSS-7，主要改进是增大发射功率、降低脉冲重复频率、改进天线结构，以增加对导弹的预警侦察距离，能够对苏联早期潜射导弹提供6分钟的预警时间。1971年交付给北美防空司令部使用。

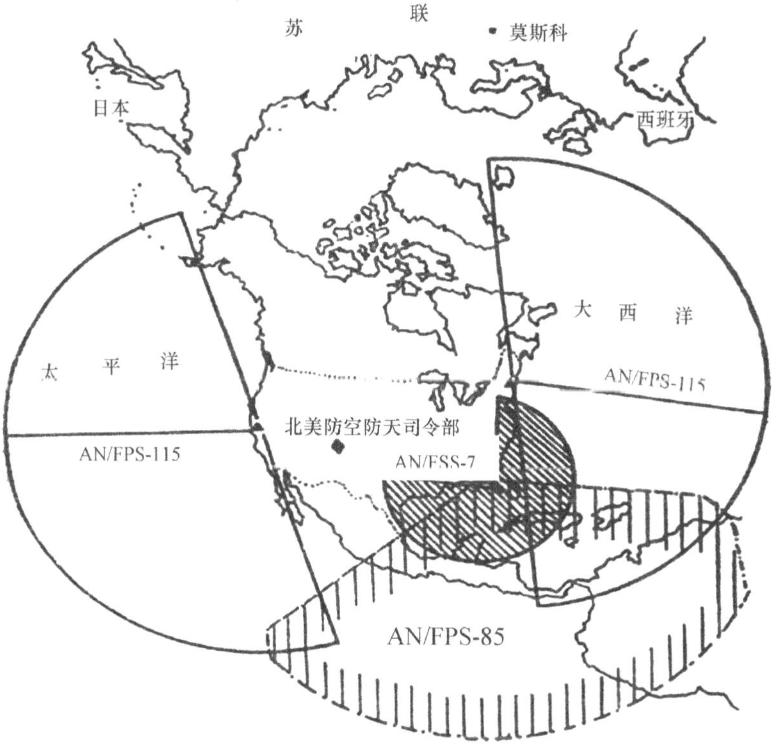

图2—2　AN/FPS-85、AN/FSS-7覆盖范围示意图

图片来源：空军第二研究所：《国外对空情报雷达手册》，1987年，第375页。

整个计划包括大西洋、太平洋与墨西哥湾的 7 个雷达站，作用距离各为 1600 千米。[①] 它们是：

缅因州查尔斯顿（Charleston）空军观察站；

北卡罗莱纳州菲斯尔堡（Fort Fisher）；

佛罗里达州麦克迪尔空军基地（MacDill AFB）；

加利福尼亚州拉古纳山（Mount Laguna）空军观察站；

加利福尼亚州的阿瑞拉角（Point Arena）；

俄勒冈州赫伯山（Mount Hebo）空军观察站；

得克萨斯州拉雷多（Laredo）。

这个布局实现了东海岸与西海岸各 3 部雷达，外加得克萨斯州 1 部雷达。后来又增添了新泽西州的莫雷斯镇第 8 站，该站使用原有的 AN/FPS－49 跟踪雷达，于 1972 年投入工作。20 世纪 80 年代，其余 7 个站都被关闭，只有位于东南部佛罗里达州麦克迪尔空军基地的雷达继续工作，覆盖范围如图 2—2 所示，提供对古巴的覆盖预警。

四、美国军方与联邦航空局的防空合作

早在 1952 年，美国民航管理局（Civil Air Administration，CAA）与防空司令部就曾就双方可能的合作举行过会谈。苏联导弹威胁上升后，美国国防基础设施建设的拨款中有很大一部分用于建设反导预警体系，防空建设的经费面临压缩。在这种环境下，利用民用航空雷达为防空服务是一个减少空军防空额外开支的好办法。1956 年的调查表明，民航管理局计划建设的雷达的覆盖范围与防空司令部雷达已经覆盖的区域有不少重合。于是，美国军民双方成立了一个联合雷达计划小组（Joint Radar Planning Group，JRPG）来协调共同选定站点和雷达，并联合使用以避免重复建设浪费资源。联合雷达

① ［苏］H. A. 洛莫夫等著，军事科学院译：《科学技术进步与军事上的革命》，北京：中国人民解放军战士出版社，1982 年，第 68 页。

计划小组同意军方的AN/FPS－20雷达用于支持纽约、堪萨斯城、休斯顿、斯波坎以及其他可能地区的空中交通管制。民航管理局的航路监视雷达ARSR－1（Air－Route Surveillance Radar）也可以给防空司令部提供丹佛、盐湖城、阿特拉，以及可能包括的迈阿密和奥克兰的雷达覆盖。这项安排通过1958年1月9日美国国防部与商务部签订的协议固定下来。到1959年底，10部防空司令部雷达同时执行空中交通管制功能，1部佛罗里达州的里士满海军航空站的联邦航空局ARSR－1航路监视雷达在为防空系统提供信息。[①]

第三节 美国陆基弹道导弹预警体系对美国核威慑战略的重要意义

1957年10月苏联人造卫星的发射，标志着苏联在弹道导弹技术领域走在了美国前列，引发了美国民间和政界对美苏导弹差距的辩论。

一、美国国内关于"导弹差距"的辩论

1957年8月，苏联正式宣布其成功试射了世界第一枚洲际弹道导弹。但那时西方国家包括美国在内都不相信苏联会在这么短的时间内在如此重要的技术领域内超过美国的。直到"斯普特尼克"卫星的发射，美国人才终于相信苏联人已经可以制造出能打到全球任何区域的弹道导弹了。美国民众对美国导弹技术落后于苏联的现实极不满意。在野的民主党人也抓住这个机会大做文章，抨击艾森豪威尔领导的美国政府正在输掉与苏联的军备竞赛。

1957年12月发布的国家情报评估NIE11－10－57，预计苏联在1958年中旬到1959年中旬将"可能具有第一批至多10枚标准洲际

① David F. Winkler and Julie L. Webster, *Searching the Skie: the Legacy of the United States Cold War Defense Radar Program*, p. 36, June 1997, http://www.dtic.mil/tr/fulltext/u2/a331231.pdf.

导弹的作战能力”。而在赫鲁晓夫宣布将“像做香肠”一样生产导弹后，这个数字开始膨胀。后一份报告，1958 年 8 月发布的国家情报评估 NIE 11 -5 -58 得出结论苏联到 1960 年“将具有技术和生产能力……100 枚洲际导弹的作战能力”，“到 1961 年某个时候，或最迟 1962 年”可能会达到 500 枚洲际导弹。

1957 年 11 月 7 日，总统科学顾问委员会的安全资源小组（Security Resources Panel）名为“威慑与核时代的生存”报告提交给了艾森豪威尔总统，这个小组的主席是贺拉斯·罗恩·盖瑟（Horace Rowan Gaither），因此报告又以“盖瑟报告”之名而广为人知。报告的主要内容有：

1. 苏联的国民生产总值虽然只及美国的三分之一，但正在以一种比我们快得多的速率上升；

2. 苏联用于武装力量和重工业的资金大致上相当于美国；

3. 苏联拥有的可裂变材料至少可供为 4500 架远程和短程喷气式轰炸机、250 至 300 艘远程潜艇和一个广泛的空防系统所配备的 1500 件核武器之用；

4. 苏联生产 700 英里射程的弹道导弹的工作迄今已进行了一年多；

5. 苏联可能在 1959 年晚些时候以 100 枚携带百万吨级核弹头的洲际弹道导弹向美国发动一次袭击；

6. 如果发生这样一次袭击，我国平民将无处躲藏，而战略空军司令部的飞机，除了其中处于“戒备状态”的一小部分外，将毁于旦夕。①

1957 年 12 月《华盛顿邮报》刊出文章，透露了这份来自最高机密的“盖瑟报告”，引起了美国人民的恐慌。

---

① ［美］德怀特·D. 艾森豪威尔著，樊迪等译：《艾森豪威尔回忆录》，北京：东方出版社，2007 年，第 454 页。

随着 1956 年 U－2 飞机飞临苏联上空采集到的照相情报，艾森豪威尔政府有越来越多的证据表明，“战略武器优势在苏联一方”的声明是错误的。基于这些证据，中情局把洲际导弹的数字修正为接近一打。后来得知，即便是中情局这个修正的评估也太高了，苏联当时的洲际导弹数量，包括临时使用的，一共只有 4 枚。“据伦敦国际战略研究所估计，到 1960 年年底，美国已经部署了陆基洲际导弹 294 枚，潜射弹道导弹 155 枚，战略轰炸机 600 架；苏联部署的陆基弹道导弹则为 75 枚，潜射导弹 75 枚，战略轰炸机 190 架。美苏在战略核武器的对比上为 1049 件比 340 件。”① 事实证明，确实存在“导弹差距”，只不过优势不在苏联而在美国一方。直到 1969 年，苏联的战略核导弹在总数上才达到 1060 枚，与当年美国的核导弹总数 1054 枚基本持平。②

二、核威慑战略与“接警即发射”思想

“导弹差距”反映了美国人心中对苏联洲际弹道导弹的恐惧。面对苏联日益强大的核力量，如何应对才能确保美国人民的安全是美国领导人必须认真思考的问题。美国学者提出了威慑思想，企图以“相互确保摧毁”的战略慑止苏联人的战略冒险。

“威慑就是设法向对方提出危险性，这种危险性将使对方认为与其所要获得的任何利益不成比例，因而使对方不致采取某种行动途径。”③ 威慑有两种：一种是“报复性威慑”，又称进攻性威慑；另一种是“拒止性威慑”，又称防御性威慑。报复性威慑是指“以采取报复性行动相威胁，让对方相信若采取行动，遭到报复打击所付出的代价肯定会超过该行动成功后的收益，从而放弃行动”。④ 拒止

① 朱锋：《弹道导弹防御计划与国际安全》，上海：上海人民出版社，2001 年，第 7—8 页。

② 同上书，第 9 页。

③ ［美］亨利·基辛格：《核武器与对外政策》，北京：世界知识出版社，1959 年，第 93 页。

④ 姚云竹：《战后美国威慑理论与政策》，北京：国防大学出版社，1998 年，第 11 页。

威慑是指“以采取拒止行动相威胁，让对方相信他将采取的军事行动不会成功而放弃该行动”。①

20世纪60年代，当时的技术还无法对弹道核导弹进行有效拦截，因此，此时的核威慑中的拒止威慑还无法实现，主要是依靠报复性威慑。报复性威慑的精义在于“假如你攻击我，我们可能无法阻止你的进攻，但是我手中的报复手段如此强大，以至于你不敢首先对我发动攻击”。② 要实现报复性威慑，就必须确保己方的战略导弹能够逃过对方的首轮核打击。

面对苏联可能的突发而至的核导弹打击，美国面临两种主要的选择，一种是“爆炸后才实施报复发射”（Retaliatory Launch Only After Detonation，RLOAD）的政策，要求确定遭受打击后再发射导弹进行报复。这种情况下，相当一部分核武库将不可避免地在首轮打击中被摧毁。另一种选择就是“接警即发射”（Launch on Warning，LoW）——在对方导弹摧毁己方导弹前就把它们发射出去。这种能力成为可能要求有两个先决条件：一是导弹技术的成熟使得快速发射成为可能；二是拥有可靠的弹道导弹早期预警系统，使得美国可以及时探测到苏联导弹的发射。

“在核时代，核导弹是最佳战争手段，同时，核导弹或者说核战争的巨大毁灭性也成为最好的‘防御手段’。如果潜在冲突的各方都拥有核导弹，那么，一旦相互攻击，即使有一方先发动打击，但‘预警攻击’（launch on warning）也使得另一方无法承受。这一事实的军事效果，简单地说，就是发动或挑起战争的收获永远无法大于所受到的惩罚，如此，威慑不但存在，而且可靠。”③

冷战前期美国政府的核威慑战略一直是以“相互确保摧毁”理论为基础，突出进攻性核力量的威慑效应，对外声称奉行“接警即

① 姚云竹：《战后美国威慑理论与政策》，北京：国防大学出版社，1998年，第11页。

② ［美］小约瑟夫·奈著，张小明译：《理解国际冲突：历史与理论》，上海：上海人民出版社，2002年，第208页。

③ 朱锋：《弹道导弹防御计划与国际安全》，上海：上海人民出版社，2001年，第21页。

发射”原则。这一原则的核心就是，只要美国接到对手核武器发射的预警，判定美国将受到核攻击，美国就会进行先发制人的核打击报复。

“接警即发射”在一定程度上慑止了对手对美国的战略冒险，而美国于20世纪60年代部署的包括“弹道导弹早期预警系统”和“潜射弹道导弹预警系统”在内的陆基反导预警体系为“接警即发射”的核威慑思想提供了重要的预警手段，从而为“接警即发射”理论的实现提供了先决条件。

小 结

20世纪50年代末，苏联成功发射了世界第一颗人造卫星，证实其具备洲际弹道导弹的打击能力，带来美国国内“核珍珠港”的恐慌和导弹差距的争论。为了应对苏联洲际弹道导弹带来的新威胁，美国在20世纪60年代初开始部署“弹道导弹早期预警系统”，先后在丹麦格陵兰岛的图勒空军基地、阿拉斯加州的克里尔空军基地及英国约克郡菲林代尔斯沼泽地建立了3个站点，提供对苏联经北极地区而来的弹道导弹预警。古巴导弹危机后，为了加强对来自北美大陆南部发射导弹的预警，美国在佛罗里达州西北部埃格林空军基地建设了AN/FPS－85大型相控阵雷达。同时，美国把“赛其”系统的防空雷达AN/FPS－26升级改造为AN/FSS－7，以加强对苏联早期潜射弹道导弹的预警。通过这些举措，美国初步建立起了对苏联洲际弹道导弹（包括早期潜射弹道导弹）的预警侦察体系，确保了美国可以执行“接警即发射”的政策，从而能在导弹时代威慑苏联的“火箭核突击”，使其不敢轻易发动对美国先发制人的导弹核突袭。

第三章　20世纪70—80年代美国天地联合反导预警体系的形成

我们把防御系统部署在空间，“恐怖平衡”理论笼罩着的威胁也就不复存在。

——丹尼尔·格雷厄姆①

到20世纪60年代末，美国已经建立起以北极方向来袭苏联弹道导弹为主要目标的“弹道导弹早期预警系统”（BMEWS）和以苏联早期潜射导弹为主要目标的“潜射弹道导弹预警系统”（SLBMWS）。然而，苏联战略武器的发射速度显然超乎美国的想象，能够从各种方向打击美国的轨道打击武器的问世，和潜射弹道导弹射程的大幅提升，迅速超越了美国现有战略预警体系的能力范围。利用美国的太空技术优势，将侦察传感器安装在卫星平台送入太空对地监视，从而实现天地联合反导预警，成为这一时期美国设想中对付苏联快速增长的战略武器威胁的有效方法。20世纪70—80年代美国战略预警体系建设的突出特点，是天基预警卫星系统的快速发展和陆基大型相控阵雷达的重点部署。

---

① ［美］丹尼尔·奥·格雷厄姆著，张健志等译：《高边疆——新的国家战略》，北京：军事科学出版社，1988年，第1页。

第一节 苏联战略武器的快速发展对美国构成新的战略威胁

随着美国在20世纪60年代“弹道导弹早期预警系统”3个站点的建成，苏联从北极方向射向美国的弹道导弹已处于美国的严密监视下。为了对美形成战略威胁，1962年苏联甚至冒险将其射程有限的导弹直接部署到美国的“后院”古巴，以绕开北面的弹道导弹预警系统。这一企图破灭后，苏联不得不另想办法突破美国的战略预警体系。

一、苏联轨道打击武器对美国弹道导弹预警系统提出挑战

为了夺回战略主动权，苏联当局于1962年5月12日下令开始研制轨道武器。这种武器的设计理念是，由携带核弹头的导弹发射时先进入近地轨道，在轨道上飞行过程中瞄准既定目标，然后开启制动火箭，脱离轨道，再入大气层飞向打击目标。

轨道打击武器相较于普通洲际弹道导弹具有许多优势。一是射程远。不像洲际导弹受限于射程，进入轨道后的导弹理论上可以从轨道上打到任何地方。二是打击方向灵活。同一个目标可以从两个相反方向进行打击，可以选择敌防御较弱的方向进行打击。三是留给敌人的预警时间短。轨道武器在300千米高度轨道以7.7千米/秒的速度运行，只有在重返大气层时才有可能被发现，而此时离攻击目标仅有3分钟左右时间，很难组织有效的拦截，所以增大了攻击的突然性。四是目标侦测难。由于再入飞行器从轨道进行打击，它不需要很大的体积，可以做成很小的目标，平时可发射到空间轨道上与其他卫星一起运行，比较隐蔽和安全，令对方难以区别，很难被侦测发现。五是弹着点难以预测。弹头在轨道，可以打击任何轨道下方的目标，因此即使探测到它在轨道上，也无法精确预判它的

打击目标。六是由于身处高空，敌方武器一般够不到，生存能力较强。

苏联于20世纪60年代初研制了重型洲际弹道导弹R－36，北约代号SS－9“悬崖”（Scarp），并在此基础上发展出了R－36M洲际弹道导弹，北约代号SS－18“撒旦”（Satan）。R－36的另一种改进型R－36O（O表示轨道，Orbit）就是苏联研发的轨道导弹。主要改进就在于增加了一个反推火箭和轰炸系统综合平台。平时在地面待命，使用时发射进入卫星轨道运行。然后根据地面指令，反推火箭随时点火将其送入再入大气层的轨道。由于再入大气层前绕地球运行不到一周，北约将这种轨道武器称为“部分轨道轰炸系统”（Fractional Orbit Bombardment System，FOBS）。

R－36O从1965年底到1968年5月进行了多次试验，于1968年11月19日正式列装，1969年8月25日开始战备值班。①

苏联的R－36O轨道武器对美国现有陆基战略预警体系带来了巨大挑战。美国早先建设的防空反导预警体系，都是基于对苏联战略轰炸机有限航程和洲际弹道导弹有限射程的判断。因此，北美的重要防空反导预警网一般都面向北极，而苏联轨道导弹近地轨道的弹头却可以从南美进入。甚至即使从北极上空通过，它也不像洲际弹道导弹那样走抛物线轨道，可以在通过反弹道导弹预警网后迅速落下，而反弹道导弹预警雷达只有两分钟而不是十几分钟可以侦测。可以说，美国精心部署的北美战略预警体系在苏联的轨道导弹面前形同虚设，美国必须迅速开发出新的更有效的预警系统。

二、苏联潜射洲际弹道导弹超出美国现有潜射导弹预警系统的能力

古巴导弹危机后，苏联在美国后院建立基地直接用陆基导弹威

---

① 刘兴：《防空防天信息系统及其一体化技术》，北京：国防工业出版社，2009年，第378页。

胁美国的战略企图失败，便加紧研发核潜艇及潜射弹道导弹技术，希望通过潜艇抵近发射来弥补苏联核弹射程与精度的不足。20世纪70年代初，苏联研制出射程高达9080千米的SS－N－8潜射弹道导弹。与之前苏联生产的潜射导弹不同，SS－N－8导弹是名副其实的潜射洲际弹道导弹，主要用来攻击洲际战略目标。SS－N－8“采用二级液体推进和天文惯性制导”，“是世界上首次将天文方位校正系统用于弹道导弹”，“可确保潜艇即使在航线定位出现重大偏差的情况下，也能提供高精度的洲际攻击”。①

SS－N－8导弹诞生前，苏联潜艇有两个致命的弱点：一是发动机噪音大，二是潜射导弹射程短。这使得苏联面临一个两难选择：要想使用潜艇对美发动打击，就必须抵近美国领海；然而这样一来，其潜艇又要冒被美国反潜武器发现的危险。因此，即使苏联拥有了潜艇及潜射导弹，实际上很长一段时间内也无法对美国构成实质的战略威胁。然而SS－N－8问世后，苏联可以在距离美国较远的远洋对美国战略目标发动突然打击。美国原来部署用于反潜射导弹的“赛其”系统改进型雷达AN/FSS－7是跟踪式的，一次只能探测和跟踪1枚SS－N－6导弹，无法探测跟踪更为先进的SS－N－8。1973年苏联“德尔塔I”型（Delta I）核潜艇开始装备SS－N－8，美国开始真正面对苏联潜射弹道导弹的战略威胁。

苏联的轨道打击武器与潜射洲际弹道导弹的研制成功并进入战备值班，对美国20世纪60年代建成的陆基反导预警系统构成重大挑战。为了应对苏联战略武器发展带来的新威胁，美国必须进一步改进其现有的战略预警体系。

第二节 美国天基导弹预警系统的起步与发展

战略预警体系能力的提升，一方面可以通过改进传感器性能获

① 张翔主编：《世界主要国家核导弹武器发展路线图》，北京：国防工业出版社，2013年，第154、155页。

得，另一方面也可以通过改变传感器所搭载的平台取得。部署于陆地的陆基预警侦察系统，技术发展到一定程度，就会受制于地球曲率，探测距离始终受限。然而，如果把传感器通过人造卫星送入太空，则可以大幅提升探测距离与范围。为了应对苏联性能不断提升的导弹武器，美国政府开始着手天基预警系统（Space-based Early Warning System）的研制与部署。

天基预警系统是“利用航天器上的遥感器及时探测、发现、识别、跟踪和预报飞行目标的天基信息获取系统。具有探测范围广、预警时间长的特点”。①

天基预警系统根据具体任务部署预警卫星及星座。预警卫星（Early Warning Satellite）“是为实现预警目的，监视和探测敌方弹道导弹发射的人造地球卫星，它利用高灵敏度的红外探测器和带望远镜头的可见光电视摄像机等遥感装置，通过弹道导弹发射时尾部喷焰发出的红外辐射来发现敌方弹道导弹发射和飞行方向并进行报警。预警卫星通常运行在地球同步轨道（GEO）或大椭圆轨道（HEO）上”。②

导弹预警卫星上通常“装有高灵敏度的红外探测器、电视摄像机和核辐射探测仪。导弹从地面或水下发射数十秒后，卫星上搭载的红外探测器就能探测到导弹尾焰所产生的红外辐射信号，并将信息传递回地面，全过程耗时 5 分钟左右。能对洲际弹道导弹提供 25—30 分钟的预警时间，对潜射弹道导弹提供 15 分钟左右的预警时间，对战术导弹提供 5 分钟左右的预警时间”。③

预警卫星具有很多优点：一是预警时间长。预警卫星在外层空间，能有效克服陆基预警雷达受限于地球曲率而发现目标相对较晚的缺点，对射程 12000 千米的弹道导弹的预警时间可达 25 分钟以上。二是监视区域大。3 颗地球同步卫星即可实现对地球上绝大多

---

① 王兆耀：《中国军事百科全书（第二版）·军事航天技术（学科分册）》，北京：中国大百科全书出版社，2008 年。第 187 页。

② 朱和平、沈齐：《现代预警探测与监视系统》，北京：电子工业出版社，2008 年，第 194 页。

③ 孙建民：《战后情报侦察技术发展史研究》，北京：军事科学出版社，2008 年，第 114 页。

数地区的覆盖。三是反应灵敏。星载遥感设备可在导弹发射90秒内探测到目标并预警，实时提供导弹发射情报。四是政治影响小。不像地面雷达站受国界和地理条件限制，具有侦察合法性。

美国的天基导弹预警系统起步于“导弹防御警报系统”（Missile Defense Alarm System，MiDAS，国内也有音译为“米达斯”①），成熟于“国防支援计划”（Defense Support Program，DSP），未来将重点依靠“天基红外系统”（Space-Based Infrared System，SBIRS）。

一、导弹预警卫星的最早尝试——“导弹防御警报系统”

美国早在20世纪60年代就开始试验利用人造地球卫星从天空对地面发射的弹道导弹进行探测。“导弹防御警报系统”就是美国最早尝试的预警卫星系统。它的最初目的是作为天基预警系统的早期试验与陆基的“弹道导弹早期预警系统”一起工作。1960—1966年，美国先后发射了12颗“导弹防御警报系统”试验型预警卫星，其中3次都失败了，剩下的9颗卫星提供了对苏联原始的红外早期预警，“导弹防御警报系统”和“科罗纳”（Corona）② 和“萨摩斯”（SAMOS）③一起代表了美国第一代侦察卫星。

---

① MiDAS这个缩写正好是希腊神话中企求狄俄尼索斯神赐给他点物成金法术的佛律癸亚国王的名字，神满足了他的愿望，他拥有了点石成金的金手指，最后连他的爱女和食物也都因被他手指点到而变成金子，他无法生活，又向神祈祷，一切才恢复原状。用缩写“米达斯”这个名字，也暗中反映了设计者对这个系统的能力所寄予的厚望。

② “科罗纳”（Corona）是美国第一代照相侦察卫星“发现者”（Discoverer）卫星的保密代号，它的主要用户是美国中央情报局。1959年2月28日，“发现者一号”在美国加利福尼亚州范登堡空军基地发射升空。

③ “萨摩斯”（Satellite Antimissile Observation System，SAMOS）卫星反导观测系统，是美国20世纪60年代初在范登堡空军发射的侦察卫星。1959年，“武器系统－117L”更名为“哨兵”（SENTRY），项目又被分为三个子项目：“发现者”“哨兵”和“米达斯”。很快“哨兵”子项目又更名为“萨摩斯”。到1960年，“哨兵”项目由三部分组成：“发现者”（“科罗纳”），可见光胶片拍摄，用回收舱送回地面；“萨摩斯”（包括101和201子项目），可见光胶片拍摄，星上冲洗、扫描，用无线电下传地面站；“米达斯”，用红外传感器探测导弹发射和轰炸机的活动。

（一）研发背景

囿于雷达系统的固有限度和地球曲率，陆基的弹道导弹预警系统的预警雷达能力有限。由于苏联位于北半球的另外一边，潜在的苏联洲际弹道导弹的发射场都建在“弹道导弹早期预警系统”雷达站地平线上数万千米之外，因此“弹道导弹早期预警系统”无法在洲际弹道导弹弹头发射后立即探测到，只有当弹头上升到地平线上才会被探测到。

精确的计算表明，发生洲际弹道导弹袭击时，“早期弹道导弹预警系统”只能提供10—25分钟的预警。而“导弹防御警报系统”按设想将能把预警时间提升到至少30分钟，为战略空军司令部的重型核轰炸机从其空军基地起飞升空提供了足够的时间，以此向苏联政府证明，它不可能仅通过一次偷袭就摧毁所有美国战略空军的战略轰炸机。这样，就可以通过核报复的现实威胁，使苏联放弃这样的袭击。此外，“导弹防御警报系统”还可以证实来自“弹道导弹早期预警系统”的雷达对热核打击的探测，以此来降低雷达系统的意外核误报的偶然性。

（二）试验过程

早在1948年，美国海军研究试验室的J. A. 科西欧（J. A. Curcio）和J. A. 桑德森（J. A. Sanderson）就在研究通过追踪导弹发射时尾焰散发出的热与红外辐射来对导弹进行探测和跟踪。1955年，兰德公司的两个成员威廉·凯洛格（William Kellogg）和西德尼·帕斯曼（Sidney Passman）关于导弹的红外探测的工作引起了广泛注意，为红外预警卫星的开发建立了支持。①

1955年3月16日，美国空军下令开发一种先进的侦察卫星来对“预先选定的地球区域”进行连续监视，以“确定潜在敌人的战争制造能力的现实状态”。这项命令的结果是产生了当时美国空军的秘

① Jeffrey T. Richelson, *America's Space Sentinels: The History of the DSP and SBIRS Satellite System* (*2nd ed.*), University Press of Kansas, 2012. p. 7.

密计划——“武器系统-117L”（WS-117L），这项计划控制了美国第一代侦察卫星的发展，包括“科罗纳”系列观测卫星和仍属秘密的“萨摩斯”卫星。洛克希德—马丁公司的前身被雇来设计、开发和生产这两个系列的卫星，它建设开发其他一些卫星来担当预警支援的角色，包括一颗使用红外传感器和望远镜的卫星来探测重型轰炸机和洲际弹道导弹产生的热。作为对苏联发射“斯普特尼克”卫星和显现的洲际弹道导弹威胁的反应，1957年底子系统G被添加进了WS-117L。随着美国国防部“高级研究计划局”（Advanced Research Projects Agency，ARPA）的创立，1958年11月子系统G被该组织接管，并被授予研发代号“MiDAS”。1959年2月，高级研究计划局给空军递交一份最初项目开发计划。在这份最初建议中，“导弹防御警报系统”将使用红外传感器在苏联高空探测洲际弹道导弹的发射并对热核打击提供早期预警。该计划提议在1959年11月和1961年5月间进行一项10颗卫星的研究和开发项目。之后，一个全面的具备实战能力的系统将被部署。

由于“导弹防御警报系统”卫星搜集到的信息是极度时敏性的，该系统的设计者不能沿用在“科罗纳”项目中开创的胶片罐投掷系统。在那些系统中，卫星上的照相机使用胶卷罐，这个罐子会重返大气层并被军用飞机回收。“导弹防御警报系统”卫星改用向地球发射无线电波的方式来传递它们的预警信号。实际的红外影像，受限于当时有限的无线电频率频道能力，还无法传输。取而代之的是，卫星只简单地发射无线电信息，告知地面它已经检测到了可疑的导弹发射以及发射的时间和地点。

要对苏联的广袤大地提供全天候的覆盖，需要多个“导弹防御警报系统”卫星才行。而能够运送卫星进入地球静止轨道的助推火箭还尚未开发出来，一颗或多颗这样的卫星不足以覆盖苏联境内的所有洲际弹道导弹发射场，特别是接近北极圈的极北地区。需要极地轨道卫星来对整个苏联的发射进行探测，但由于极地轨道的特性，每颗星只有很短的时间飞临苏联上空。由于卫星原计划的能力在设计过程中改变了，所以它们的部署计划也相应发生了变动。1959年1月完成的计划建议由20颗“导弹防御警报系统”卫星组成的星座在1000英里（1609千米）的高度沿轨道运行，而当年年底新出的改进计划设想了12颗飞行器组成的星座在2000英里（3219千米）的高度运行。

（三）对导弹防御警报系统的评价

“导弹防御警报系统”是美国第一个导弹预警卫星计划，经过多次试验发射后，投入巨大，却始终没有达到满意的效果。早期的问题包括：曾误把从云层反射来的太阳光当做敌方发射的导弹；缺乏如核反应堆或太阳能板等可持续电源而导致卫星的电池会在在轨短短数周后耗尽；它所使用的W－17红外传感器也最终被证明不能探测地球大气层下的导弹尾焰的最初热量，只是随着后期W－37传感器的引入才能从轨道上探测到发射。美国国防部也渐渐失去了使用它来对苏联全天时覆盖的期望，最终下令停止了此项计划。尽管“导弹防御警报系统”作为早期预警卫星系统的主要角色并不能算太成功，但它为后继者开创了所需的技术。

二、成熟的天基反导预警系统——“国防支援计划”

20世纪60年代，苏联的潜射弹道导弹发展迅速。由于潜艇可以抵近发射，留给美国陆基预警雷达的预警时间十分有限。1969年8月，苏联的轨道导弹R－36O也开始执行战备值班任务。轨道武器的出现，使苏联突破了仅能从北极方向打击美国的局限，可以从南美洲方向向美国进行打击。美国已经部署的北向的“弹道导弹早期预警系统”因而陷入“无用武之地”。这些威胁的变化促使美国加快部署预警卫星系统，从发射段就对苏联的导弹武器进行侦测，给指挥机构提供更多的预警时间。

“国防支援计划”又称“综合导弹预警卫星”（Integrated Missile Early Warning Satellite，IMEWS），代号“647”计划，是“世界上第

一个经过实战检验过的天基导弹预警系统”,① 是美国战略预警体系的重要组成部分。

“国防支援计划”预警卫星位于地球同步轨道，装备有红外传感器，通过探测热源的红外辐射来探测导弹或航天器发射以及核爆。整个卫星不停地旋转，位于焦平面上的线性传感器阵列每分钟扫描地球 6 次。

（一）研发和部署过程

“国防支援计划”取代了 60 年代天基红外“导弹防御报警系统”。自 1970 年 11 月至 2007 年 11 月，一共发射了 23 颗卫星。这些卫星可以分为五代（参见表 3—1）。

表 3—1　“国防支援计划”卫星发展历程

卫星类型	实验阶段（第 1 阶段）	改进阶段（第 2 阶段）	多轨道卫星/性能改进型（MOS/PIM）	传感器进化发展（SED）	DSP－I
发射年份	1970—1973	1975—1977	1979—1984	1984—1987	1989—2007
卫星数量（序列编号）	4（第 1 到第 4 颗）	3（第 5 到第 7 颗）	4（第 8 到第 11 颗）	2（第 12 和第 13 颗）	10（第 14 到第 23 颗）
设计（实际）运行寿命（年）	1.5（3）	3（5）	3（5）	5（7）	5－7（7－9）
卫星重量（吨）	0.9	1.04	1.2	1.68	2.38
供电系统输出（瓦特）	400	480	500	705	1275
望远镜红外接收探测器数量	2000	2000	2000	6000	6000
红外望远镜工作波长(微米)	2.7	2.7	2.7	2.7，4.3	2.7，4.3

① 王兆耀：《中国军事百科全书（第二版）·军事航天技术（学科分册）》，北京：中国大百科全书出版社，2008 年，第 187 页。

续表

<table>
<tr><td>卫星类型</td><td>实验阶段（第 1 阶段）</td><td>改进阶段（第 2 阶段）</td><td>多轨道卫星/性能改进型（MOS/PIM）</td><td>传感器进化发展（SED）</td><td>DSP－I</td></tr>
<tr><td>各阶段主要功能及任务</td><td>洲际导弹和潜射弹道导弹探测系统的部署</td><td>对扩大的洲际导弹和潜射弹道导弹发射区监视区域的扩展</td><td colspan="3">洲际弹道导弹、潜射弹道导弹、战役战术导弹、战术导弹和其他类型导弹发射的全球监视</td></tr>
</table>

资料来源：Lieutenant Colonel A. Andronov and Captain S. Garbuk, *U. S. IMEWS Space System and Creation of an Advanced Ballistic Missile Launch Detection System*, http：//www. globalsecurity. org/space/library/report/1994/941208 – andronov. htm.

第一代卫星是整个系统的实验阶段，从 1970 年 11 月 6 日发射第一颗卫星，至 1973 年，一共发射了 4 颗。卫星重 900 千克，设计寿命仅为一年半（实际工作寿命可达 3 年）。星载主探测器是一台施密特大型红外望远镜。卫星上还搭载有一台可见光电视摄像机，以辅助红外探测器对导弹目标的真伪进行辨别。卫星在轨道上大约每 10 秒自转一圈。由于望远镜轴线与卫星轴线成 7.5 度角，因此，随着卫星自转，红外探测器每分钟能对地球的指定区域进行 6 次扫描。

第一代“国防支援计划”卫星自 1970 年到 1973 年探测到上千次导弹发射，这充分证明了“国防支援计划”的有效性。但也暴露出一些缺点：一是防辐射能力差，一旦在轨道上发生核爆炸，卫星就可能丧失探测能力；二是虚警概率高，有时把来自低轨道卫星和高空云层的阳光反射或流星体在大气层内爆炸所产生的闪光也当成了导弹目标。①

第二代卫星是系统的改进阶段，从 1975 年到 1977 年，一共发射了 3 颗，针对第一代出现的问题做了重大改进。卫星重 1.04 吨，太阳能帆板和星体表面的太阳能电池可产生 480 瓦的电力，卫星寿

① 郭世贞、裴美成：《军事装备史》，北京：解放军出版社，2007 年，第 1123 页。

命提升到设计寿命 3 年，实际工作寿命 5 年。

第三代卫星称为“多轨道卫星/性能改进型”（MOS/PIM），从 1979 年开始发射，到 1984 年一共发射了 4 颗。这一代“国防支援计划”卫星比前代又有重要改进，卫星重量达到 1.2 吨，供电系统输出功率达到 500 瓦。

第四代卫星主要是“传感器进化发展”（Sensor Evolution Development，SED），从 1984 年到 1987 年共发射了 2 颗，这一代“国防支援计划”卫星的改进主要体现在传感器的升级上。从这一代卫星开始，星载红外探测器由 2000 个硫化铅探测元升级到 6000 个探测元，探测能力也由以前仅能探测跟踪地平线以下的目标，提升到可以探测跟踪地平线以下的目标。供电系统输出达到 705 瓦，卫星的寿命也提升到设计寿命 5 年，实际工作寿命 7 年。

第五代是 DSP－1 型，从 1989 年到 2007 年一共发射了 10 颗。卫星体积进一步增大，总长达到 10 米，发射质量提升到约 2.38 吨，特别是太阳能发电能力高达 1275 瓦，使得设计寿命可以长达 5—7 年，实际工作寿命更可高达 7—9 年。

“国防支援计划”导弹预警卫星从佛罗里达州卡纳维拉尔角发射场（Cape Canaveral Launching Site）发射，进入地球同步轨道。20 世纪 70 年代后期和 80 年代形成了 3 星组网、2 星在轨备份的标准配置。“3 颗星的典型定点位置是：第一颗在印度洋上空（东经 69 度），可以监视俄罗斯和中国洲际弹道导弹的发射场；第二颗在大西洋上空（西经 70 度），可以探测核潜艇从美国东海岸以东海域的导弹发射；第三颗在太平洋上空（西经 134 度），可以探测核潜艇从美国西海岸以西海域的导弹发射。”[①] 1984 年发展成为 4 星组网配置，4 颗星分别位于大西洋、欧洲、印度洋和太平洋上空。此外，一旦工作卫星出现故障，1—2 颗退役卫星可重新投入使用。“国防支援

① 王兆耀：《中国军事百科全书（第二版）·军事航天技术（学科分册）》，北京：中国大百科全书出版社，2008 年，第 187 页。

计划”导弹预警卫星系统可以对洲际导弹提供20—30分钟的预警时间，对战术导弹提供1.5—2分钟的预警时间。

2007年11月9日，“德尔塔4”（Delta IV）重型运载火箭搭载美国空军的最后一颗，也即第23颗“国防支援计划”卫星从佛罗里达州卡纳维拉尔角升空，该卫星由诺斯罗普·格鲁曼公司制造，位于地球同步轨道中工作。作为最后一颗发射升空的“国防支援计划”卫星，DSP-23将与目前仍在轨的其他“国防支援计划”卫星一起担负起从“国防支援计划”系统向“天基红外系统”过渡期间的导弹预警任务，并与2004年发射的DSP-22一同作为“天基红外系统”地球同步轨道卫星的组成部分工作到2017—2022年间。因此，DSP-23在星载设备上也有所调整。DSP-23携带了一台外层空间核爆探测器，可以发现在太空中进行的核试验。另外，它还装有一套空间及大气层内脉冲报告系统。该套设备装有5个高灵敏度的小型原子能传感器，可以通过探测中子射线、伽马射线以及X射线来探测某些国家在地下或外层空间中进行的原始核裂变试验。

表3—2　“国防支援计划”卫星地面接收站

地点	巴克提（Bucktey）	乌姆拉（Woomera）	卡帕恩（Kapaun）
国家	美国克罗拉多州	澳大利亚	欧洲
卫星布设区	大西洋/太平洋	印度/中东	欧洲

资料来源：*Defense Support Program.* http：//www.globalsecurity.org/space/systems/dsp.htm.

“国防支援计划”卫星的有效性，在1990年8月到1991年2月的海湾危机中得到了证明。在“沙漠风暴”行动中，主要任务是探测弹道导弹的“国防支援计划”卫星捕捉到了伊拉克“飞毛腿”导弹的发射，为联军部队和沙特阿拉伯、以色列两国的平民提供了重要而及时的预警。

在 2003 年的“自由伊拉克”行动中，“国防支援计划”的地球同步卫星总共探测到了 26 次导弹发射，186 次高烈度爆炸事件，1493 次“静态红外事件”。

（二）对国防支援计划系统的评价

“国防支援计划”是冷战时期美国天基弹道导弹预警系统的支柱。大量的改进方案使得“国防支援计划”在面对不断进化的导弹威胁时可以提供精确、可靠的数据，在过去的 40 年中为美国提供了不间断的天基导弹早期预警能力。1971 年，“国防支援计划”导弹预警卫星服役之后，美国可以侦测到苏联境内任何的中大型火箭发射（SA－2 以上就可以）。“国防支援计划”卫星对于反制苏联研制的杀手锏——轨道武器，也有良好的效果。“国防支援计划”卫星能通过探测发射，在上升段就发出预警，而轨道武器发射后要飞得比较远才会落地，因此美国在拥有了成熟的卫星预警系统后，对苏联的轨道武器就拥有了可靠的预警时间。

第三节　美国部署相控阵雷达完善陆基弹道导弹预警系统

美国大力发展天基导弹预警系统的同时，也在积极建设和改进其陆基预警雷达系统，以应对来自苏联的战略武器威胁。

这一时期，美国主要通过部署相控阵雷达来对付苏联的潜射洲际弹道导弹。相控阵雷达通过计算机控制“移相器”，既可以在某一方向集中发射能量，从而提升探测距离；又可以快速变换波束方向，从而提高搜索探测速度。相较于传统的机械扫描雷达，相控阵雷达具有许多优点：一是可以同时探测多个目标，能同时跟踪多达数百个目标；二是探测距离远，可以探测数万千米以外的目标；三是探测速度快、精度高，可有效滤除杂波；四是可以利用多个独立波束分别同时实现探测、跟踪、识别等多种功能。美国早在 1968 年就建成了世界上第一部大型相控阵雷达——

AN/FPS－85，经过多年实践，相控阵雷达对目标的侦察监视优势逐渐显露，美国从20世纪70年代开始又研制和兴建了多座相控阵雷达。

一、分配AN/FPS－85相控阵雷达执行反导预警任务

1972年美国决定分配AN/FPS－85相控阵雷达担负潜射弹道导弹的预警任务。经过改进，1974年AN/FPS－85雷达增加了对加勒比海地区发射的潜地弹道导弹提供预警的任务，并担负“辅助空间防御中心”的任务。AN/FPS－85雷达30%的时间进行空间监视，50%的时间进行空间跟踪，其余20%的时间用于完成对潜艇发射导弹的预警。一旦出现潜地弹道导弹攻击，AN/FPS－85雷达将自动放弃它的一些空间跟踪任务而集中注意导弹弹头，并预测弹着点。

二、在美国本土部署“铺路爪”相控阵雷达

1973年，苏联列装了射程7800—9000千米的SS－N－8潜射弹道导弹，对美国弹道导弹防御系统提出了新挑战。[①] 如前文所述，当时美国用于探测潜射弹道导弹预警的系统所使用的雷达是AN/FSS－7，这种雷达能力有限，满足不了对SS－N－8潜射弹道导弹的预警探测需要。于是，从1973年起，美军开始要求国会在1974财年拨款在美国东西海岸建造相控阵雷达。美国国会以已有适当的探测手段为由拒绝了拨款。但美军在1975财年继续申请，军方希望在防御潜射弹道导弹上能有一个与陆基“弹道导弹预警系统”相当的独立传感器。

1976年4月，美国雷神公司开始“环形搜索进入飞行器相控阵预警系统”（Perimeter Acquisition Vehicle Entry, Phased Array Warn-

① 王小谟、张光义：《雷达与探测》（第二版），北京：国防工业出版社，2008年，第238页。

ing System）的研制和建造，相对而言，这部相控阵雷达的英文名称的首字母缩写更为普及——“PAVE PAWS”，被广泛直译为“铺路爪”，代号为AN/FPS-115。

为覆盖美国大陆附近的所有海域，在冷战期间美国一共建造了4部AN/FPS-115相控阵预警雷达。

第1部“铺路爪”AN/FPS-115相控阵预警雷达位于美国东北部马萨诸塞州奥梯斯空军基地（Otis AFB），1976年开建，1980年4月具备作战能力。

第2部“铺路爪”AN/FPS-115相控阵预警雷达位于美国西北部加利福尼亚州的比尔空军基地（Beale AFB），1980年8月具备作战能力。

第3部“铺路爪”AN/FPS-115相控阵预警雷达设在美国东南部佐治亚州罗宾斯空军基地（Robins AFB），1986年11月具备作战能力。

第4部“铺路爪”AN/FPS-115相控阵预警雷达设在美国南部得克萨斯州埃尔多拉多空军基地（Eldorado AFB），1986年11月具备作战能力。

AN/FPS-115精密相控阵预警雷达是双阵面雷达，天线阵面为圆形，直径为27.43米，工作频率为400—450兆赫，方位覆盖240度，对雷达截面积10平方米的目标的作用距离为4800千米，具备探测、跟踪和识别多目标的能力，能准确测量出弹道导弹目标的发射点、弹着点及目标的空间坐标和速度。该雷达可以用于监视苏联SS-N-8、SS-N-20、SS-NX-23潜射弹道导弹和SS-NX-21潜射巡航导弹及ST-1—ST-4洲际弹道导弹，负有弹道导弹预警和空间目标监视的双重任务。①

美国在冷战期间为对抗苏联的潜射洲际弹道导弹所建设的这4部相控阵雷达分别设在其东西海岸的边角上，最大限度看护了其

① 朱和平、沈齐：《现代预警探测与监视系统》，北京：电子工业出版社，2008年，第85页。

领海，在冷战期间为美国监视来自其东西两大洋的威胁做出了贡献。

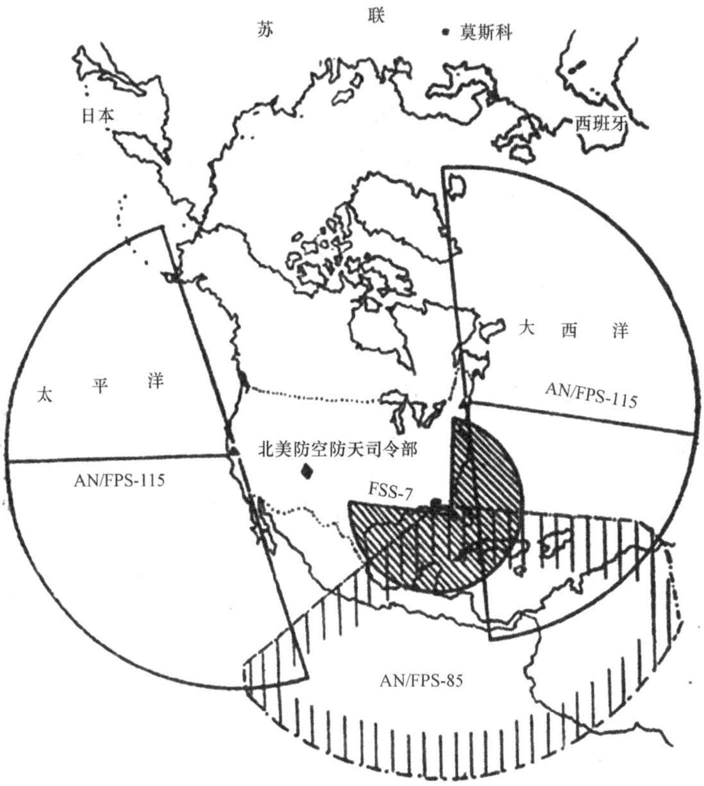

图 3—1　AN/FPS－115 雷达（PAVE PAWS）覆盖范围示意图

图片来源：空军第二研究所：《国外对空情报雷达手册》，1987 年，第 388 页。

三、保留“卫兵”反导系统的“环形搜索雷达”

20 世纪 60 年代初，苏联具备潜射弹道导弹发射能力后，北美防空司令部建议建设一部雷达来弥补阿拉斯加和格陵兰岛间的监视盲区，特别是针对低角度导弹，即低于 15—65 度这个大多数弹道导弹的设计区间。1963 年 3 月，白沙导弹试验场（WSMR）为“奈基·

宙斯”（Nike Zeus）反弹道导弹系统建立的多功能相控阵雷达（Multi-function Array Radar，MAR I）开始建设。1969年7月“卫兵”（Safeguard）反弹道导弹系统成为美国计划的反弹道导弹项目，该项目的配套雷达、多功能相控阵雷达的继承者——“环形搜索雷达”（Perimeter Acquisition Radar，PAR）计划部署在北达科他州的康克里特（Concrete）。该雷达于1969年开工建造，1974年9月建成。1975年4月2日，“环形搜索雷达”初步具备作战能力。整个“卫兵”反导系统于1975年10月1日正式交付使用。

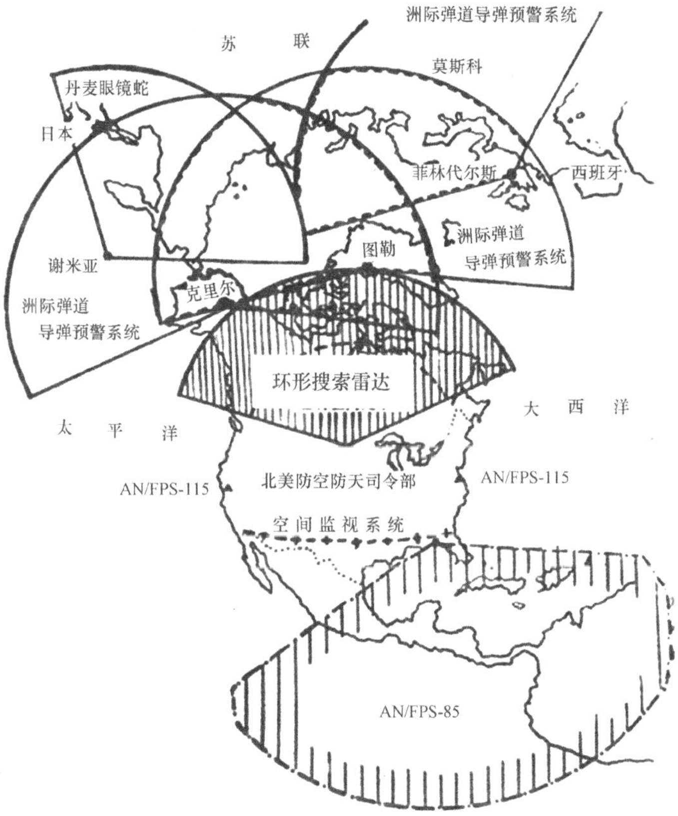

图3—2　“环形搜索雷达”作用范围示意图

图片来源：空军第二研究所：《国外对空情报雷达手册》，1987年，第400页。

然而，根据1972年的《限制反弹道导弹系统条约》的规定，美苏的反导弹系统只能部署不超过100枚拦截导弹，美国国会认为，“100枚导弹根本对付不了苏联当时正在发展的多弹头分导再入（MIRV）的威胁，苏联的多弹头将埋没卫兵反导弹系统，雷达将被摧毁，系统被致盲而失去作用。”[①] 在“卫兵”系统交付使用的第二天，1975年10月2日，美国众议院投票决定关闭“卫兵”反弹道导弹系统除“环形搜索雷达”以外的其余部分。1976年，在已经花费了60亿美元后，国会砍掉了资金。最终在1976年2月10日，“卫兵”反导系统停止了活动。“环形搜索雷达”于1977年9月被交给了空军，用于监视北方上空再入大气层的洲际弹道导弹和潜地导弹，它的探测距离可达2800千米。

四、在阿留申群岛部署“丹麦眼镜蛇”相控阵雷达

1973年6月，美国空军电子系统分部与雷声公司（Raytheon）签订了一项3960万美元的合同建造“丹麦眼镜蛇”（Cobra Dane）雷达系统。雷达系统被置于阿拉斯加州阿留申群岛的谢米亚岛谢米亚空军基地（Shemya AFB）。1974年10月，土建工程完工，1976年底完成了系统测试，1977年投入使用，总费用达6800万美元。

在“丹麦眼镜蛇”雷达部署前，美国空军在阿拉斯加州阿留申群岛的谢米亚（Shemya）岛上利用AN/FPS－17探测雷达与AN/FPS－80跟踪雷达来监视苏联的弹道导弹试验。但由于AN/FPS－80的实时跟踪能力有限，在监视多弹头分导式再入飞行器的过程中，很难得到弹头的精确数据。

“丹麦眼镜蛇”雷达是一座单阵面相控阵雷达，天线直径29米，工作频段为1215—1400兆赫，方位覆盖120度，编号AN/FPS－108。它面对苏联堪察加半岛和库拉（Kura）试验场（参见图3—3），最初的任务是用于探测苏联洲际弹道导弹落地点，搜集苏联执

① 刘兴：《防空防天信息系统及其一体化技术》，北京：国防工业出版社，2009年，第117页。

行《第二阶段限制战略武器条约》（SALT II）情况的相关情报。AN/FPS－108用于反导早期预警，工作在L波段，“对 $1m^2$ 目标战略预警距离为3600km；可同时跟踪200个弹头与诱饵目标”。①

“丹麦眼镜蛇”雷达的主要用途是获取发展中的苏联弹道导弹武器系统的精确雷达测量与特征情报，用于武器系统特征识别。苏联在勘察加半岛和太平洋进行的研制试验，是美国在苏联有关研制项目初期即可搜集到这些数据的主要来源。但是“丹麦眼镜蛇”也有其不足，就是低空探测能力较差，受制于地球曲率，它无法探测到再入飞行器的末段近地弹道。

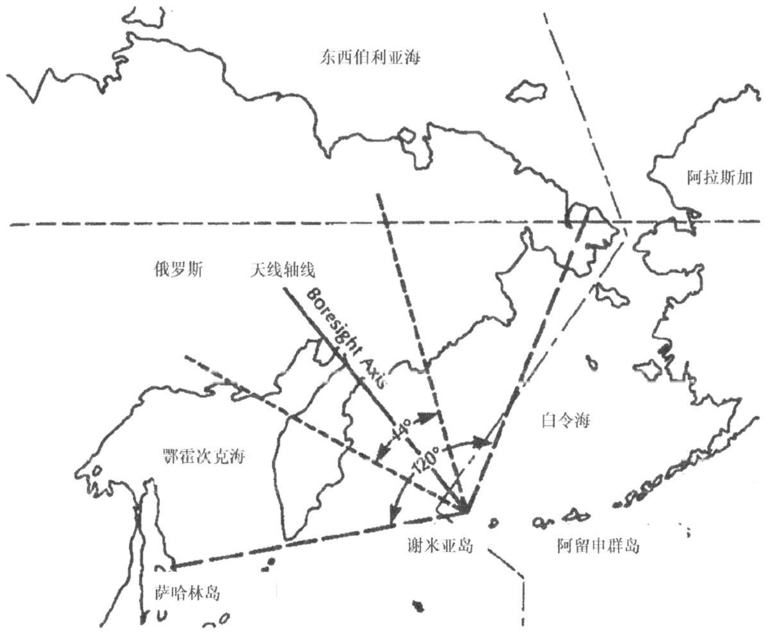

图3—3　“丹麦眼镜蛇”雷达位置与覆盖范围示意图

图片来源：Jeffrey T. Richelson, *The US Intelligence Community*（6th *ed.*），Boulder：Westview Press，2012. p. 253.

① 苏宪程等：“美国空间态势感知发展分析”，《装备指挥技术学院学报》2010年第2期，第44页。

第四节 反导预警背景下的防空预警体系发展

美国在整个20世纪60年代大幅压缩防空经费，全力建设弹道导弹预警系统。这样的举措带来了防空的隐患。1971年10月26日，一架古巴飞机降落在新奥尔良，整个飞行过程完全没有被侦测到。事件引发了美国公众对美国国内防空安全的质疑，重新引起了美国国内对防空安全问题的重视。结果空军重建了南部防空区，并沿海湾沿岸重开了一组雷达网络。

一、建立军民融合的“联合监视系统”

20世纪50年代末，美国军民双方建立起来的合作关系得到了进一步发展。1974—1975年美国建立起了“联合监视系统”（Joint Surveillance System，JSS）。该系统是由美国空军与联邦航空局（Fedral Aviation Administration，FAA）共同管理的雷达网，由环绕美周边的46个雷达站、加拿大东部与西部的24个雷达站、阿拉斯加的14个雷达站和夏威夷的2个雷达站组成。目的在于发挥民用航空的航路监视雷达的潜力，军民结合，共同承担美国国内的防空预警任务，以节约大量经费和人员。最初，美国本土的46个雷达站中10个为军用，36个为空军和联邦航空局共用。每站一部AN/FPS－88远程监视雷达，一部AN/FPS－90测高雷达和一部航路监视雷达ARSR－3远程空中监视雷达。

联合监视系统后来进行了多次现代化改造：用西屋公司的ARSR－4航路监视雷达代替ARSR－3雷达，该雷达为三坐标、全固态、无需人员值守；由GTE通信公司对通信系统进行更新；由IBM更新联合监视系统的计算机系统。目前，在美国大陆48部远程预警雷达中，有43部是航路监视雷达，而空军远程预警雷达只有5部，航路监视雷达的信息同时发送给空中交通中心和空军防空指挥中心。[1]

---

① 刘兴等：《一体化空天防御系统》，北京：国防工业出版社，2011年，第88页。

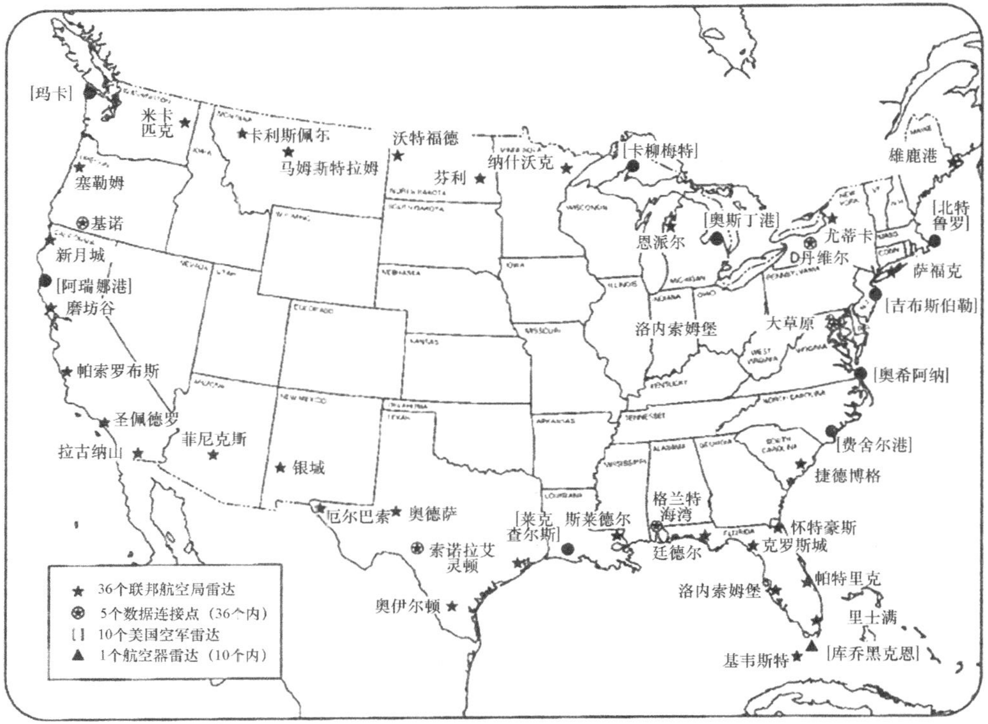

图 3—4　“联合监视系统”雷达分布示意图

图片来源：David F. Winkler and Julie L. Webster, *Searching the Skie: the Legacy of the United States Cold War Defense Radar Program*, June 1997, p. 58. http://www.dtic.mil/tr/fulltext/u2/a331231.pdf.

二、以“北方预警系统”取代“远程预警线”

建于20世纪50年代的“远程预警线”，在80年代开始濒临淘汰。1985年3月18日“北美防空现代化”（North American Air Defence Modernization）协议在魁北克的“三叶草峰会”（Shamrock Summit）上由马尔罗尼总理和里根总统签署。按照计划，“远程预警线”将最终进化并过渡成“北方预警系统”。

美国于1985年开始研制新一代的“北方预警系统”，该系统包括13部AN/FPS－117远程对空警戒三坐标雷达和39部AN/FPS－124近程无人值守补盲雷达，由北美防空司令部运行和维护。位于阿拉斯加埃尔门多夫空军基地（Elmendorf AFB）的阿拉斯加地区作战控制中心（Regional Operations Control Center，ROCC）负责控制阿拉斯加的站点，位于安大略省（Ontario）北湾（North Bay）加拿大军事基地的加拿大东西地区作战控制中心负责控制位于加拿大的站点。地区作战控制中心的信息传到科罗拉多州的科泉市（Colorado Springs）的北美防空作战行动中心（Combat Operations Centre，COC）。

“北方预警系统”于1988年开始有限运行，并接收了新建的3个东海岸站点——位于加拿大努勒维特（Nunavut）布莱伍特（Brevoort）岛的BAF－3，位于拉布拉多（Labrador）的LAB－2和LAB－6。从20世纪80年代末到90年代初，新的“北方预警线”的远程雷达取代了以前的“远程预警线”的站点。没有转变为北方预警线的远程早期预警的站点最终都关闭了。北方预警系统于1992年建成。官方的“北方预警线”的启动和“远程预警线”的关停发生在1993年7月15日。

两国的“北方预警系统办公室”（North Warning System Office，NWSO）位于渥太华，由加拿大和美国军事和民事人员运作。有人值守的站点由皇家加拿大空军运行。“北方预警系统”的后勤和维护支援工作由位于犹他州的奥格登空军后勤中心（Ogden Air Logistics

Center，OO－ALC）美国空军物资司令部担负。

“北方预警系统”包括15个远程雷达站（11个在加拿大，其中8个是“远程预警线”上的站点），39个短程雷达站。系统全长4800千米，从阿拉斯加向南延伸到拉布拉多。

三、部署超视距雷达系统

“天波雷达发展史可以追溯到第二次世界大战期间HF（高频）视距雷达的使用，第二次世界大战结束后，人们注意到对HF传播潜能的开发，开始了大量的试验与研究，尤其对国土辽阔、海域宽广、边界线长、周边邻国较多的国家，如美、俄（前苏联）、澳、中等国具有重大的国防及经济效益。”①

相较于一般对空情报雷达，天波超视距雷达系统有许多优点。一是能远距离探测。导弹发射时尾焰产生离子区，对短波波段电磁波能形成较大的等效雷达散射截面积，因此可以被超视距雷达远距离探测到。二是可对隐身目标进行探测。天波超视距雷达的波长可以与飞机目标尺寸相近，飞机目标会发生电磁谐振，因此即使是隐身目标也会有较大的雷达散射，而且天波自上俯视，也使目标隐身效果变差。三是对低空目标有效。天波超视距雷达有效距离远，是对付海洋与沙漠地区远距低空目标的重要手段。

（一）前向散射超视距雷达的尝试

美国早在1949年就开始了超视距雷达的相关研究工作，由雷声公司具体负责。20世纪60年代苏联的“部分轨道轰炸系统”研制成功，该系统飞行轨道低（只有160千米），射程远，可以经南极打击美国本土，迫使美国加快超视距雷达的研制。

美国空军最初研制的是前向散射超视距雷达，由空军坎布里奇（Cambridge）研究所于1946年提出。1964年，雷声公司和桑德斯公

① 王小谟、张光义：《雷达与探测》（第二版），北京：国防工业出版社，2008年，第172—173页。

司得到了研制440L系统前向散射超视距雷达AN/GSQ－93样机的合同。由于苏联已经准备试验它的“部分轨道轰炸系统”，消息传来，该雷达于1967年建成后就于翌年匆匆交付北美防空司令部使用。但该系统只能提供来袭导弹的大致方向，不能进行跟踪；而其基地又设在国外，容易受到国际政治影响；而且这种雷达对大气扰动极为敏感，不如预警卫星和弹道导弹预警系统雷达网可靠，美国防部于1976年撤销了这一计划。①

（二）后向散射超视距雷达的最初探索

后向散射超视距雷达是1950年底提出来的。美国海军在20世纪60年代提出过两项后向散射超视距雷达研究计划。一项名为“梯皮”（Teepee），主要是利用电离层对电波的后向散射来探测导弹的羽状尾焰。它的缺点在于“仅有大致的方向和距离信息，不能跟踪导弹飞行、易受HF干扰”。② 另一项名为“麦得雷”（Madre），它以英文磁鼓储存器命名，主要是采用磁鼓储存器对信号进行模拟处理，从杂波中提取弱信号，提供多普勒分辨性能，从地物干扰中区分运动目标。该系统的缺点在于“缺乏大范围监视能力，空间分辨力及跳频功能也十分有限”。③

1968年按照441L“眼镜蛇雾”（Cobra Mist）计划，美国开始AN/FPS－95后向散射超视距雷达的研制，准备在盟国领土上建造6—7部此种雷达。实验型雷达于1971年完成，初步决定部署于英国。原计划整个系统于1973年到1974年间开始部署。但由于美国导弹预警卫星系统的成功，其于1973年决定削减研制计划。

此后，美国一直在进行后向散射超视距雷达的研制，但也颇费了一些周章。照美国空军最初的思路，它还打算延续20世纪50年代防空预警雷达体系的建设理念，继续建设北向的超视距雷达系统，以防

① 空军第二研究所：《国外对空情报雷达手册》，1987年，第410页。

② 王小谟、张光义：《雷达与探测》（第二版），北京：国防工业出版社，2008年，第173页。

③ 同上。

御北极通道这条苏联战略轰炸机打击美国的捷径。但在实践中发现由于北极存在严重极光干扰，短波不能穿越北极。美国于20世纪70年代曾做过多次试验，如“极狐II”（Polar Fox II）、“极帽III”（Polar Cap III）等，以验证超视距雷达是否可在北极区使用，但都没有获得成功。已经对此项目丧失信心的美国空军，准备在1978财年取消这一计划。然而，美国国防部高级研究计划局此时意识到超视距雷达重要性，开始介入，推动了超视距雷达的继续发展。“1978财政年度这项计划的投资被消减到200万美元，1979财政年度回升到1090万美元，1980财政年度为1190万美元，1981财政年度为1500万美元。”①

美国的后向散射超视距雷达项目之所以能继续发展，是因为改变了原来的布站设想。既然超视距雷达不能穿越北极，就使它偏向东北或西北呈“V”形布局，而以原本就北向部署的“远程预警线”和”弹道导弹早期预警系统”填补正北方向的空白。

（三）后向散射超视距雷达系统的部署

美国空军于1975年开始着手研制新型超视距后向散射（over-the-horizon-backscatter，OTH－B）防空预警雷达系统414L，主要用于对苏联战略轰炸机和巡航导弹预警，1982开始建造。命名为AN/FPS－118的后向散射超视距雷达，是双基地调频连续波雷达，由发射站、接收站和操作控制中心组成。发射站和接收站分别设在两地，相隔117千米。AN/FPS－118超视距雷达作用距离900—3700千米，工作频率5—28兆赫（分为6个频段），方位覆盖范围180度，探测高度60—350千米，峰值功率100千瓦。② 能探测到地面、海上直至电离层各种高度上的目标，主要用来与空中预警机配合，实现提前发现和境外拦截空中目标，同时可与大型相控阵雷达协同，遂行战略预警任务。该系统可对超音速和亚音速飞机分别提供1.5小时和3小时的预警时间。

---

① 空军第二研究所：《国外对空情报雷达手册》，1987年，第411页。

② 刘兴等：《一体化空天防御系统》，北京：国防工业出版社，2011年，第87页。

AN/FPS－118 雷达的主要特点：（1）雷达在 2—28 兆赫频率范围内分 6 个频段工作，有正常、询问以及两种方式交叉工作三种工作方法；（2）雷达具有探测、监视地平线以下目标的能力，能够在远距离发现低空、超低空目标；（3）雷达对亚音速威胁的预警时间约 3 小时，对超音速威胁的预警时间为 1—1.5 小时，对洲际导弹预警为 30 分钟；（4）雷达具有一定的反隐身目标能力。

AN/FPS－118 雷达的主要缺点在于：雷达收、发射天线阵庞大，雷达工作受电离层变化影响较大，易受电子对抗设备的干扰，目标探测精度较差，存在较大的近距离探测盲区。因此该系统要与其他预警手段配合使用。

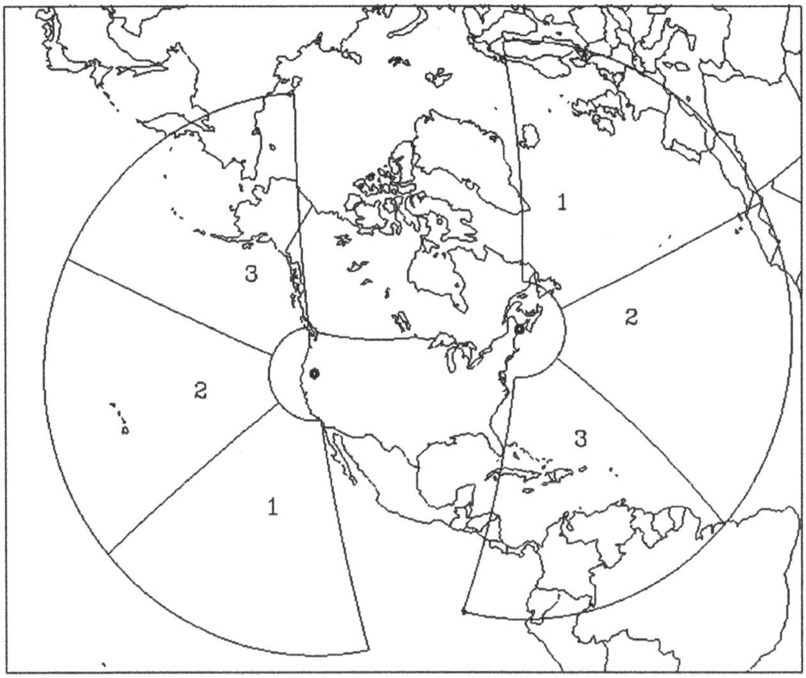

图 3—5　AN/FPS－118 雷达系统部署示意图

图片来源：*AN/FPS* – 118 *Over-The-Horizon-Backscatter*（*OTH-B*）*Radar*. http：//www. globalsecurity. org/wmd/systems/an-fps – 118. htm.

美国原计划建设东海岸系统（3个60度扇形区）、西海岸系统（3个60度扇形区）、南方中央系统（4个60度扇形区）和阿拉斯加系统（2个60度扇形区）。每个扇形区由一部后向散射超视距雷达负责探测，共需12部后向散射超视距雷达，预计总投资超过15亿美元。[①] 东海岸发射站位于缅因州莫斯克航空站，接收站位于该州哥伦比亚航空站，操作中心位于班戈国际机场空军国民警卫队基地。1986年东海岸系统建成，1988年底3个扇面都达到了预警指标，1988—1989年间进行了大规模的试验，验证对巡航导弹类低空目标的探测能力，于1990年4月移交美国空军。东海岸的试验也促使该系统做了一系列改进，并在西部系统的建设中得以应用，西海岸系统最终于1990年建成。发射站位于俄勒冈州克拉马斯，接收站位于加利福尼亚州阿土拉斯附近，操作中心位于爱达荷州霍姆山空军基地。东海岸系统合同费约5.5亿美元，西海岸系统合同费约3.13亿美元。

AN/FPS-118雷达的诞生正处于世界政局大变动时期。由于冷战结束，苏联解体，美国国防部为节约开支，决定让东海岸系统“热储存”，每周只进行40小时的有限运转以维持系统功能；西海岸系统关闭，定期维护；计划中拟建的南方中央系统和阿拉斯加系统撤消建设，由阿拉斯加和加拿大的联合监视系统覆盖。

（四）移动超视距雷达的研制

除了固定式后向散射超视距雷达系统外，美国还研制了可移动式超视距雷达（removeable over-the-horizon radar，ROTHR）。此项目为美国海军项目，由雷声公司在1984年开始研制，1989年完成鉴定，命名为AN/TPS-71。由固定到可移动，是天波雷达技术的一次重大突破。与前述空军的固定式超视距雷达相比，可移动式超视距雷达具有定位精度高、应用范围广、建造费用低的优点。空军东海岸3个天线扇区设备耗资超过5亿美元，而海军一部ROTHR只需

① 刘兴等：《一体化空天防御系统》，北京：国防工业出版社，2011年，第85—86页。

0.75 亿美元。[①]

所谓可移动式，是指“除天线外，系统可在一周内拆除、搬运、重新安装到一个预先准备好的基地上。ROTHR 是一个全固态系统，可靠性高，维护容易，固态发射机总功率为200kW，仅为 AN/FPS－108 的 1/6。正是由于供电设备要求降低，故可架设在边远和给养困难的地方，且便于拆卸重装”。[②] AN/TPS－71 的作用范围可以达到 800—3000 千米，它可移动的特点，使它成为 AN/FPS－118 固定式超视距雷达的有益补充。

表 3—3　美国后向散射超视距天波雷达简况

研制年代	型号和名称	目的与用途	主要性能	雷达体制
20 世纪 50 年代	梯皮 (Teepee)	观察洲际导弹发射和核爆炸	洲际导弹 8000km 核爆炸 12000km	脉冲波，半波振子天线阵，面积 (300×500) m^2
60 年代	麦得雷 (Madre)	探测潜艇发射导弹和低飞飞机	中程导弹 900km—4000km 能确定距离和方位角	脉冲波，5MW 发射功率，偶极子天线阵，相干积累
	AN/FPS－95	发现、粗测轨道参数和洲际导弹、轨道武器发射台	3200km（推测）	脉冲波（后改为调频连续波 FMCW），MW 级功率，波束电扫描固定天线阵
70 年代	SRI－WARF 试验系统	探测飞机与舰船目标	900km—2000km	调频连续波、双基地
80 年代	AN/FPS－118	对飞机、弹道导弹及中大型巡航导弹战略预警	800km—2880km	调频连续波、双基地、平均发射功率 100kW×12

① 王小谟、张光义：《雷达与探测》（第二版），北京：国防工业出版社，2008 年，第 174 页。
② 同上。

续表

研制年代	型号和名称	目的与用途	主要性能	雷达体制
90 年代	AN/TPS－71	对飞机、舰船目标战术警戒、跟踪毒品走私飞机	800km—3000km	调频连续波、双基地、平均发射功率 200kW
21 世纪	AOTHR 计划	对付低可观测性或隐身战略威胁目标	—	—

资料来源：王小谟、张光义：《雷达与探测》（第二版），北京：国防工业出版社，2008 年，第 173 页。

（五）国防部高级超视距雷达计划

进入 21 世纪，美国继续组织力量研制新一代天波超视距雷达，项目名称为“国防部高级超视距雷达计划”（advanced over-the-horizon radar，AOTHR），旨在对付低可观测性或隐身战略威胁目标。该项目的计划进度为，“1992 年进行相干性试验，1996 年验证环境平台限制因素，2000 年验证样机性能，2005 年完成全尺寸样机试验”。[①] “研制 AOTHR 表明，美国并没有放弃这种雷达的研制与应用，而是加紧研究它的先进技术，包括对电离层局部加热形成电离层波导技术，按探测时间需求主动改造电离层状态，寻求合适的工作频率探测低可观测性目标。”[②]

四、空中预警侦察系统的问世与改进

1957 年美国以小型运输机 C－1A 为载机，制成 E－1B“跟踪者”舰载预警机，1958 年批量生产，1960 年开始正式服役，初步具

① 王小谟、张光义：《雷达与探测》（第二版），北京：国防工业出版社，2008 年，第 175 页。
② 同上。

备了探测海上和空中目标、识别敌我、引导己方飞机攻击敌方目标的能力，探测距离为200千米。①

E-2A“鹰眼”（Hawkeye）是E-2系列的第一个型号，1957年开始研制，1964年服役，装备通用电气公司研制的AN/APS-96机载预警雷达。1971年初又诞生了装备AN/APS-138雷达的E-2C。搭载AN/APS-145雷达的E-2C当飞行高度达到9000米时探测轰炸机等大型目标的距离为650千米，探测巡航导弹或战斗机等中型目标的距离为270千米，探测舰船目标距离为360千米。后来经多次升级改造，先后出现E-2C0、E-2CI、E-2CII和E-2C“鹰眼2000”等机型，美海军现有75架，主要是E-2CII型和E-2C“鹰眼2000”型。② E-2预警机仍然主要用于舰载海面预警。

1965年12月美国空军启动“机载预警与控制系统”（Airborne Warning And Control System，AWACS）计划。1970年7月，波音公司被选为AWACS主承包商。美国空军在西屋（Westinghouse）和休斯（Hughes）公司的雷达中，经过5个月的反复比较，最终选中西屋公司的雷达作为新一代预警机的雷达，命名为AN/APY-1，该雷达能够有效区分运动目标与地面杂波。1977年3月，E-3A“哨兵”（Sentry）正式加入美国空军服役。E-3经过不断改进，也衍生出E-3A、E-3B、E-3C、E-3D和E-3F五种型号，装备了AN/APY-2型S波段脉冲多普勒雷达的E-3预警机同时具有监视陆上空中目标和海上目标的能力，③ 同时承担预警与指挥控制双重任务。雷达高空目标探测距离在500—650千米，低空目标300—400千米，巡航导弹300千米。可同时输入600个目标信息，同时引导100架战机进行拦截。

---

① 张国正、马宏刚：“美军预警机的发展现状及趋势”，《空军指挥学院学报》2007年第2期，第53页。

② 同上，第54页。

③ 刘波等：《空基预警探测系统》，北京：国防工业出版社，2012年，第254页。

第五节 天基反导预警系统催生出的“高边疆”战略理论

天基反导预警系统的部署与成功，对美国战略发展具有重要意义。它一方面凸显了太空的重要战略价值，加速了美国的太空军事部署；另一方面，天基预警系统也为美国在太空部署天基导弹防御系统，对苏联弹道导弹进行拦截提供了技术准备。在这种背景下，“高边疆”（High Frontier）理论应运而生，并且直接催生出里根政府的“战略防御计划”（Strategic Defense Initiative, SDI），力图在太空建立起对苏联的战略防御体系，重新赢得对苏的战略优势。

一、美国的“高边疆”理论

“高边疆”概念最早由里根竞选总统时的国防顾问、前中情局副局长、前国防情报局局长、美国陆军退役中将丹尼尔·格雷厄姆于1980年提出。1981年里根上台后，在传统基金会的支持和资助下，格雷厄姆组建了“高边疆”战略研究小组，汇集了美国30多名战略家、科学家、经济学家和工程师，经过长达7个月的研究，于1982年2月向里根政府递交了10万字的名为《高边疆——新的国家战略》的研究报告。

所谓“高边疆”，指的是太空①领域。格雷厄姆认为：“美国具有开拓边疆的历史传统；在人类历史上，一个国家若能从人类活动的一个领域最有效地迈向另一个新的领域，就能取得巨大的战略优势；在太空领域，美国决不能让别人掌握主动权。‘高边疆’战略的实质是，美国要开拓和利用空间领域发展经济和加强军事实力，在

① “太空”与“空间”在英语里都是一个词“space”，本书中“太空”与“空间”是一个意思，主要根据中文行文表述习惯选择使用。

美苏的全面竞争中占有战略优势。”①

“高边疆”战略是人类进入太空时代的产物，也是美苏两霸对抗与争夺从地面走向太空的结果。美国试图利用自身在航天技术方面的领先优势，以“相互确保生存”战略取代“相互确保摧毁”的战略，以继续长期保持其世界超级大国的地位。有学者认为，“高边疆”战略是“继第二次世界大战以来美国第一个国家战略——‘遏制共产主义’战略以后的第二个国家战略”。②“高边疆”战略可以和人类历史上“海权论”“空权论”相提并论，是人类活动区域扩大后在战略思想发展上的体现。从空权发展到天权，是人类军事思想发展质的飞跃。

二、“战略防御计划”提出

“高边疆”理论出炉后，立即为美国政府所接受。“在1983年底，美苏的战略核弹头分别达到9665枚和8880枚。在这种情况下，单纯改进‘三位一体’战略核武器的质量或增加其数量，都难以获得比较稳定的战略优势。而且，高水平上的核僵持意味着，一旦发生直接冲突，美苏将陷入不得不在核报复或投降之间择其一的困境。”③“高边疆”理论的出现，无疑给困境中的美国找到了一条出路。

在这种背景下，1983年3月23日，美国总统里根发表电视讲话，提出“战略防御计划”，明确美国未来计划的主要目标之一是建立“宇宙空间的防御”，以非核的空间防御体系拦截苏联来袭的洲际弹道导弹。战略防御计划的核心是把进攻的战略弹道导弹拦截和摧毁在到达美国国土之前，以求消除战略弹道导弹的

---

① ［美］丹尼尔·奥·格雷厄姆著，张健志等译：《高边疆——新的国家战略》，北京：军事科学出版社，1988年，第1页。

② 姚有志：《大剑道——影响世界的战略理论》，北京：解放军出版社，2014年，第200页。

③ 郭世贞、裴美成：《军事装备史》，北京：解放军出版社，2007年，第844—845页。

威胁。[①] 在里根发表“星球大战”演讲后，以美国前国家宇航局局长福莱彻为组长，由50多位著名科学家和工程师组成的“防御技术研究小组”，以军事分析家霍夫曼为首的“未来安全战略研究小组”，以国家安全顾问克拉克为首的高级国际小组，分别对“星球大战”的设想和实施计划进行了研究。[②] 在克拉克的主持下，经过7个月的论证后，于1983年10月正式向总统和国会提出了“战略防御计划”。该计划的核心是把太空开辟为陆海空以外的第四维战略空间，部署多层弹道导弹防御系统，建立美国的空间战略防御体系，夺取空间这个军事上的战略制高点，形成对苏战略优势。

美苏经过30多年的核军备竞赛，双方的进攻性核武器已经达到饱和状态。突防技术上从单弹头发展到集束式、分导式多弹头；爆炸威力上从几万吨发展到百万吨级；打击精度上从最初的几千米到100米以内。进攻武器数量和质量的提高已经无法使任何一方获得战略优势。一旦爆发核战争，其结果必然是共同毁灭。美国提出“战略防御计划”，标志着美国决心依靠发展防御性战略武器打破“恐怖的核均势”。如果成功，苏联对美国的战略核打击将失效，而美国却可以对苏联进行核打击。美国将重新获得核垄断被打破后的战略优势地位。

“战略防御计划”分层拦截苏联弹道导弹的设想，建立在美国业已部署的高效可靠的天基导弹预警系统基础之上，并且对美国现有的反导预警体系提出了更高的要求。美国自20世纪60年代以来大力建设的天地联合反导预警侦察体系为美国的战略防御体系建设奠定了基础，提供了技术准备。

---

① 军事科学院世界军事研究部：《战后世界局部战争史》（第二卷），北京：军事科学出版社，2008年，第322页。

② 姚有志：《大剑道——影响世界的战略理论》，北京：解放军出版社，2014年，第215页。

小　结

20世纪60年代末，苏联的R－36O轨道打击武器开始战备值班，70年代初又研制出射程可达9080千米的SS－N－8潜射洲际弹道导弹。这些战略武器突破了美国60年代建设的陆基“弹道导弹早期预警系统”的预警能力，促使美国改进和发展其现有的战略预警体系。

美国这一时期战略预警体系的重大发展就是在其前期“导弹防御警报系统”卫星试验的基础上，开发出具有实战能力的“国防支援计划”天基导弹预警卫星，从太空中通过红外探测苏联导弹发射。在陆基雷达方面，美国这一时期重点发展和部署的是大型相控阵雷达。美国在其东西海岸部署了“铺路爪”AN/FPS－115大型相控阵雷达，关闭了“卫兵”系统但保留了其位于北达科他州的“环形搜索雷达”，同时还在阿留申群岛的谢米亚空军基地建设了“丹麦眼镜蛇”AN/FPS－108相控阵雷达，这些相控阵雷达连同美国20世纪60年代在其南方建设的AN/FPS－85一起，覆盖美国周边各方向。这一时期，美国天基导弹预警卫星与陆基相控阵雷达一起，组成天地联合的导弹预警体系，提供对苏联战略武器的预警，在冷战中后期守护了美国国家安全。

美国天基导弹预警系统的成功，既是美国利用其空间技术优势所取得的结果，也为美国进一步开发利用太空谋求对苏战略优势提供了实践经验。美国在20世纪80年代初相继提出“高边疆”理论和“战略防御计划”，准备在前期天基预警系统成功的基础上，在太空部署导弹防御体系，拦截苏联导弹，取得对苏战略优势。美国天基导弹预警系统的成功与天基防御系统的计划，使苏联面临巨大的战略压力，不得不投巨资建设与发展其自己的天基预警系统与导弹防御体系，最终不堪重负而走向解体。

第四章　冷战后美国多维一体战略预警体系的发展

在危机或冲突中美国空间系统遭受攻击并不应该被认为是不可能的行动。如果美国想要避免“太空珍珠港”，它就需要认真对待美国空间系统遭受攻击的可能性。

——《美国国家安全空间管理和组织评估委员会报告》

2001年1月11日①

自苏联发射第一颗人造卫星始，美苏两国就在太空领域展开了激烈的竞争。为了加强对苏联发射弹道导弹的侦测，美国在太空部署导弹预警卫星，建立了天地一体的导弹预警侦察体系。随着军事科技的进步，天基系统的能力不断提升，作用越来越突出。同时，这些意义重大、价值不菲的太空资产自身也正逐渐成为敌人重点打击的战略目标。为了保护太空中这些极其重要的战略资产，美国开始建立天基空间监视系统，加强对空间非合作目标的监视。

第一节　冷战后美国对空间战略威胁的认识

随着越来越多军用卫星的部署，太空军事化已不可避免。除了

① *Report of the Commission To Assess United States National Security Space Management and Organization*, http://stinet.dtic.mil/cgi-bin/GetTRDoc? AD = ADA404328&Location = U2&doc = GetTRDoc.pdf.#sthash.9BwruXDS.dpuf（2015/01/22）.

前文所述的预警卫星系统，美苏两国还在太空部署有侦察卫星、导航卫星、通信卫星等众多高科技军事装备。

冷战初期，除了向太空发射核武器，美苏双方都不具备攻击卫星的能力。“相互确保摧毁”的稳定性也延伸到了太空领域。20世纪70年代后，两国相继开始反卫星武器试验。1973年，苏联开始测试陆基激光和其他定向能武器，在几起事件中干扰了美国的三颗卫星。① 1985年9月13日，美国空军也成功完成了反卫星武器的测试，从F-15上发射一枚改进的短程攻击导弹，利用动能摧毁了一颗目标卫星。②

随着冷战结束，美国所面临的核威胁大大减小。然而，虽然美国所面对的战略武器威胁减小了，但其诸如空间武器等战略目标所面对的威胁却没有减小。目前空间中在轨运行的卫星约1100颗，其中约一半是美国的，其中又有175颗军用卫星（美国115颗，俄罗斯38颗，其他国家一共22颗）。③ 美国的这些军用卫星在美国冷战后所参与的历次高技术局部战争中都发挥了重要作用。

1990年的海湾战争中，美国利用70多颗卫星构成太空侦察监视、太空通信保障、太空导航定位和太空气象保障四大系统，给地面作战部队以巨大的信息支援。④ 1999年科索沃战争中，北约部队动用了20多类50余颗卫星参与导航与情报搜集。2001年的阿富汗战争中，联军动用了90多颗军用和民用卫星。

2003年伊拉克战争中，美英联军充分发挥其空间力量的制天权功能和优势，自始至终掌握着制信息权，支持陆、海、空军联合作战。美军在伊拉克战争中共投入各类卫星100多颗。1990年的“沙

---

① ［美］福里斯特·E. 摩根著，白堃等译：《太空威慑和先发制人》，北京：航空工业出版社，2012年，第10页。

② 同上。

③ Jeremy Hsu, *World's Military Projects Still Dominate Space*, October 6, 2010, http://www.globalsecurity.org/org/news/2010/101006 - military-space.htm (2015/01/25).

④ 何奇松：“脆弱的高边疆：后冷战时代美国太空威慑的战略困境”，《中国社会科学》2012年第4期，第185页。

漠风暴”中 GPS 精确制导导弹只占 8%，2003 年“自由伊拉克”行动中则提高到 68%。[①] 2003 年 3 月 12 日，空军少将布莱斯戴尔（F. J. Blaisdell）在五角大楼举行的新闻发布会上说，“不管是伊拉克，还是美国及其盟军的其他敌人，我要告诉你们，我们在空间拥有绝对的优势。”第 45 航天联队指挥官帕弗洛维奇（Pavlovich）说，没有卫星，仗简直没法打。[②]

“在空间力量的支持下，信息系统与作战系统高度一体化，使得美英联军在战争中从发现目标到实施远程精确打击所需要的时间可在几分钟内完成（海湾战争为 3 天，科索沃战争为 101 分钟，阿富汗战争为 19 分钟）。海湾战争，美军对付一个目标要出动 16—18 架飞机，而伊拉克战争仅用一架飞机就足够了；海湾战争，一艘搭载 72 架作战飞机的航母每天可以打击 62 个目标点，而伊拉克战争，一艘航母打击的目标数增加了 4 倍。”[③]

卫星为美军提供了四方面重要作用：一是提供信息，为美军提供战场侦察情报，提高部队战场态势感知能力；二是定位与导航，提高了部队精确打击能力；三是提供通信保障，提高了部队战场通信能力；四是提供预警，保护了美国民众与军队的安全。从冷战后几场局部战争来看，空间武器为美国提供了极大的优势。目前，美军 70% 以上的通信、80% 以上的情报侦察与监视、90% 以上的精确武器制导、几乎 100% 的气象预报都依赖航天装备。[④] 所以美国人明确声称太空是战略性资产。[⑤]

然而，与军用卫星这些重要作用形成鲜明对比的是，这些重要

---

① Scott M. Fox, *Deterring and Dissuading in Space: A Systems Approach*, USAWC Class of 2008, U. S. Army War College, Carlisle Barracks, PA 17013 - 5050, p. 2, http: //www. dtic. mil/cgi-bin/GetTRDoc? Location = U2&doc = GetTRDoc. pdf&AD = ADA480178 (2015/01/26).

② 常显奇等：《军事航天学（第 2 版）》，北京：国防工业出版社，2005 年，第 261 页。

③ 同上。

④ 靳敬纯等编著：《争霸太空——美国新世纪太空战略揭秘》，北京：国防工业出版社，2008 年，第 160 页。

⑤ Joan Johnson-Freese, *Space as a Strategic Asset*, New York: Columbia University Press, 2007.

的空间资产本身却异常脆弱。卫星在预定轨道上运行，本身机动能力差，限于载荷，本身不可能有过多防护加固，在太空又没有地形掩护，因此极易受到攻击而又难以防范。

在美国人看来，“进入太空时代以来，任何一个拥有弹道导弹和核武器的国家都可以制造出虽简陋却具备高度破坏能力的反卫星武器。类似的威胁在不断地升级且变得更加紧迫”。[①]

首先是可能的敌意攻击。“大部分战略家都同意美国的太空系统是未来对手的首要攻击目标。”[②] 正如兰德公司报告《空间威慑和先发制人》（*Deterrence and First-Strike Stability in Space：A Preliminary Assessment*）一文中所述：

> 太空稳定性是美国重要的国家安全利益，遗憾的是这种稳定性正在逐步消失。冷战结束以后，美国军方不断地展示常规战争中的军事优势，潜在对手非常清楚美国部队的作战优势很大程度上依赖太空支持。有能力削弱或摧毁美国太空能力的国家越来越多，因此美国的太空系统在未来危机或冲突中遭到攻击的可能性也越来越大。这些系统有着内在的不足，但美国却严重依赖它们所提供的服务，这让威慑对手放弃攻击美国太空系统的战略变得非常困难。[③]

冷战中，美苏两国的全面竞争从地面走向太空，但当时两国太空能力的发展主要还是为其核能力的发展服务的。双方都没有能力对对方的卫星系统发动打击。尽管各国竞相发射自己的人造卫星，太空领域一度还是和平与稳定的。直到冷战后期，苏联开始探索地球同步轨道卫星和陆基定向能反卫星武器，才让美国人开始担心自

---

① ［美］福里斯特·E. 摩根著，白堃等译：《太空威慑和先发制人》，北京：航空工业出版社，2012 年，第 11 页。

② 同上书，第 2 页。

③ 同上书，第 v 页。

己的太空资产并着手研发自己的反卫星武器。

冷战结束后，美国人认为，随着技术的扩散，越来越多的国家和非国家行为体都可以对美国太空资产发起非摧毁性的攻击。美国国防部副部长帮办舒尔特（Gregory L. Schulte）在公布《美国国家安全太空战略》吹风会上，就直言不讳地道出了美国的隐忧：我们对反制太空战力感到担忧，展示太空反制肌肉的不限于大国，还包括伊朗和埃塞俄比亚，"它们对商业卫星实施过干扰……如果连埃塞俄比亚都能干扰商业卫星，你就不得不担心，其他国家会对我们的军用卫星做些什么"。①

其次是太空垃圾的威胁。到 2011 年 5 月 26 日，观测到的大于 10 厘米的太空目标有 37605 个，其中 21392 个已经陨落。在轨的有 16213 个，其中 3505 个为有效载荷，其中现在不能正常工作的有效载荷约 2500 个，变成了太空垃圾。其他在轨的 12708 个目标则是航天器运载火箭的末级、爆炸碎片和各种撞击碎片等。在轨太空垃圾的质量达 5500 吨以上。大于 1 厘米的太空目标有 60 万个，其中现在能跟踪的 19000 个。在太空中，1 厘米大小的空间目标即可对航天器构成威胁。②

由于人类活动不断向太空拓展，太空领域正在变得越来越拥挤。因此，空间系统面对人量蓄意或非蓄意的威胁也越来越脆弱，诸如无线电频率干扰、激光照射致盲、运动拦截飞行器、地面系统攻击，以及日益增多的空间物体（包括活跃及不活跃的卫星、发射火箭残骸、碎片），还有空间天气环境影响。美国政府通过大量天基和陆基传感器和系统来探测、跟踪和描绘空间物体和空间事件，并预报哪些资产可能会有危险。美国认为 2007 年 1 月的中国反卫星试验③和

① Karin Zeitvogel, *China's Hostile Space Capabilities Worry US: Official*, February 4, 2011, http: //news. yahoo. com/s/afp/20110204/pl_ afp/usmilitaryspacechina，转引自何奇松："脆弱的高边疆：后冷战时代美国太空威慑的战略困境"，《中国社会科学》2012 年第 4 期，第 189 页。

② 何奇松："脆弱的高边疆：后冷战时代美国太空威慑的战略困境"，《中国社会科学》2012 年第 4 期，第 188 页。

③ 2007 年 1 月，中国用导弹击毁了本国一颗废弃的气象卫星。

2009年2月的俄美卫星碰撞事件[①]产生了大量空间碎片，并认为应该提高美国的空间态势感知能力。空间态势感知是执行空间作战的基本要素，是实现空间控制的基础。

夺取制天权和制信息权是取得未来战争胜利的基础。[②] 而制天权的取得，与其他领域的控制权一样，关键在于“知”，即空间信息掌握上。空间态势感知既是制天权的基础，也是制信息权的重要组成部分，因此具有极其重要的战略意义。一个国家要想具备足够的空间态势感知能力，就必须拥有强大的空间监视系统。

第二节　美国空间监视系统的建设与发展

“空间目标侦察监视又称空间目标侦察，简称空间侦察，或者空间监视。是运用无线电侦测、光学观测、雷达探测等手段，对外层空间的人造目标及其环境进行的侦察。包括对目标的探测跟踪、特征提取、识别编目以及环境监测等活动。”[③]

空间监视系统是“对外空目标进行探测、跟踪、识别、编目和预报等的电子信息系统”。[④] 作为空间态势感知系统的有效手段，空间监视系统具有重要意义，“主要用于发现和跟踪所有近地和深空的空间飞行体（包括卫星、导弹、飞船和天体等残留物），计算其轨道数据，并进行短、中、长期轨道预报；观测跟踪即将再进入大气层或陨落的空间飞行体，并预报落点；观测、跟踪和预报空间飞行体的相互位置，以防止工作卫星与其他空间飞行体相互碰撞；识别空

① 2009年2月，俄罗斯的一颗停止工作的通信卫星与美国还在运行的铱星商业通信卫星发生了碰撞。

② 袁文先、杨志强：“美俄空间态势感知能力发展综述”，《外军信息战》2008年第3期，第1页。

③ 《中国人民解放军军语》，北京：军事科学出版社，2011年，第211页。

④ 徐步荣：《中国军事百科全书（第二版）·电子信息装备（学科分册）》，北京：中国大百科全书出版社，2008年，第45页。

间飞行体的特性及国别”。[①]

空间监视系统的主要功能有：

第一，目标探测与跟踪。综合运用雷达探测、光电观测、无线电侦测等手段，发现、跟踪空间目标，并对其进行测量，以确定轨道参数。

第二，目标识别。将目标参数与既有空间目标数据库数据进行比对，对空间目标进行识别，判定其身份、类别、意图及威胁层级。

第三，目标编目。将已经掌握的空间目标数据进行分类存储，建立空间目标动态数据库，定期更新。

第四，威胁评估。平时，根据轨道参数、陨落时间和落区的预报数据，对即将陨落的航天器和空间碎片造成的威胁进行评估；评估本国卫星和宇宙飞船飞行轨迹态势并向控制中心通报危险状况。战时，根据军用航天器系统的作战能力和空间的总体态势，对太空军事目标威胁等级、打击能力和打击效果进行评估。

美国的空间监视系统由陆基的“空间监视网”与天基的“天基空间监视系统”组成。前者主要形成于冷战期间，不少前文所述的弹道导弹预警雷达也在其中承担空间监视任务；而后者则是美国于冷战后着力打造和发展的威力巨大的系统，是美国当前和未来空间目标监视的主要依靠。

一、美国陆基“空间监视网”的组成

美国陆基空间监视网由遍布全球的29部陆基雷达与光学传感器、数据处理能力和支持通信系统组成。美军使用空间监视网数据来完成下列任务：一是维护空间目标编目；二是分析新的空间发射；三是探测空间中新的人造物体，执行对接评估（预测潜在的空间目标碰撞并通知国家航空航天局和其他政府、商业公司，如果目标可

① 徐步荣：《中国军事百科全书（第二版）·电子信息装备（学科分册）》，北京：中国大百科全书出版社，2008年，第45页。

能会干扰航天飞机的轨道、国际空间站和正在运行的卫星平台，还要通知外国相关部门）；四是执行空间目标重返大气层评估（预测空间目标重返大气层的时间和地点，确定该目标属于谁，预防空间物体重返大气层触发美国及其他国家的导弹打击预警传感器的虚警——因为在雷达看来就像是导弹）。空间监视网信息还用来生产空间情报，这些情报反过来也支持空间态势感知行动。

美国陆基空间监视网传感器可以分为“专用”（dedicated）、“兼用”（collateral）和“借用”（contributing）三类。一些建于20世纪60年代和70年代的传感器系统已经经过了现代化改造和更新，至今仍在运行。

（一）专用空间监视传感器（Dedicated sensors）

专用传感器是指美国战略司令部所属，由美国战略司令部负责管理与运行，首要任务是空间目标监视的传感器。

1. 陆基监视雷达

陆基监视雷达是一种主动探测设备，是目前监视空间目标的主要手段，可观测大的空域，具有全天时、全天候工作等优点，一般采用相控阵雷达或脉冲测量雷达。美国专门承担空间监视任务的雷达传感器有AN/FPS－85相控阵雷达、空军空间监视系统（AF-SSS）、“地球仪－2”（Globus II）雷达。

（1）AN/FPS－85相控阵空间监视雷达

AN/FPS－85相控阵雷达位于佛罗里达州西北部的埃格林空军基地（Eglin AFB），是全球空间监视网络（SSN）的29部传感器之一，是唯一专门用于空间监视的相控阵雷达。它每年收集超过1600万的卫星观测任务，占“空间监视网”总工作量的30%。[①] 该系统的数据被转发至位于加利福尼亚范登堡空军基地（Vandenberg Air Force Base，VAFB）的美国战略司令部联合空间作战中心，以及弗吉尼亚

① Jeffrey T. Richelson, *The US Intelligence Community* (6th ed.). Boulder: Westview Press, 2012. p. 277.

州达尔格伦（Dahlgren）的备用空间控制中心。

AN/FPS－85 雷达的独特之处在于相控阵雷达天线技术。机械的雷达必须物理上瞄准一个空间中的物体来跟踪与观测，而相控阵雷达天线则靠控制时间或进出信号的相位来电子操纵相控阵天线。这大幅提升了探测能力，减少了反应时间，使得系统在覆盖范围内可以同时跟踪多个目标。AN/FPS－85 相控阵雷达可以同时探测、跟踪和识别 200 颗卫星，可以在 40000 千米的距离上跟踪篮球大小的目标，[①] 是当时世界上最强大的雷达，也是唯一的能跟踪深空卫星的相控阵雷达。

1962 年 10 月开始雷达建造，测试原定于 1965 年 5 月，然而 1965 年初的一场大火毁坏了所有装备，直到 1969 年才形成空间作战能力，1988 年才形成深空探测能力。该雷达最初是设计来跟踪卫星的，在苏联拥有潜射弹道导弹能力后，于 1975 年安装了新软件使得它可以跟踪潜射弹道导弹，对苏联潜射弹道导弹预警一度成了该单位的主要任务，而空间监视反而成了第二位的。1997 年，随着佐治亚州罗宾斯空军基地的“铺路爪”雷达开始服役，该雷达重新回到最初的太空监视任务。

（2）美国“空军空间监视系统”

美国“空军空间监视系统”（Air Force Space Surveillance System，AFSSS）原属美国海军管理，名为“海军空间监视系统”（Navy Space Surveillance，NAVSPASUR）。其始建于 1958 年，由海军研究实验室设计和建造，于 1961 年建成投入使用，是收发分置的雷达系统，总部设在弗吉尼亚州的达尔格伦，由美国海军航天司令部监视中心负责操控。1965 年系统增至后来的 9 个站，沿北纬 33 度线布设，全长 8000 千米，从海岸线向外延伸 1600 千米。其中 3 个站为大功率发射站。主发射站位于得克萨斯州基卡普湖（Lake Kickapoo），2 个辅助发射站分别位于亚利桑那州基拉河（Gila River）与

① Jeffrey T. Richelson, *The US Intelligence Community*（6th ed.）. Boulder: Westview Press, 2012. p. 277.

阿拉巴马州约旦湖（Jordan Lake）。6个站点负责接收信号，分别位于加利福尼亚州圣迭哥（San Diego）、新墨西哥州象山（Elephant Butte）、密西西比州银湖（Silver Lake）、阿肯色州红河（Red River）、佐治亚州塔特纳尔（Tattnall）和霍金斯维勒（Hawkinsville）。整个系统横跨美国南部，主要用于低轨目标的探测与编目（如图4—1所示）。

图4—1 “空军空间监视系统”（原“海军空间监视系统”）布站示意图

图片来源：http：//mercury. pr. erau. edu/ ~ prcphysics/observatory/Presentations/Using% 20the %20NSSS%20Fence/img4. html.

该系统采用连续波多基地雷达原理，由3个发射站发射大扇形能量波束，形成“电子篱笆”（Electronic Fence），在轨空间目标经过时，便会反射雷达信号。6个接收站使用大型阵列天线接收反射信号，通过几个站对同一空间目标的不同反射数据来确定目标位置。

该系统工作于L波段甚高频（VHF），依靠发射单频连续波，可以探测到28000千米高度内直径大于30米的目标。[①] 自1961年正式

① 蓝江桥等：《战略预警体系概论》，北京：军事科学出版社（军内发行），2010年，第107页。

运行以来，雷达接收机与数据处理单元进行了多次升级改造，1989年又对其发射机进行了现代化改造。

2004年10月1日，该系统正式由海军移交给空军管理，由美国空军第20空间控制中队负责，并更名为“空军空间监视系统”。2013年10月1日，“空间监视系统”正式停用，与此同时，另一个更为强大的空间监视系统——“太空篱笆”（Space Fence）正在紧锣密鼓地研制。

美国空军接手“海军空间目标监视系统”后，发现其探测能力有限，无法满足日益增长的小型和微型目标的探测和跟踪需求。因此，2005年美国空军开始研发该系统的换代系统——“太空篱笆”。美国空军将使用性能更强的S波段陆基雷达，依靠发射脉冲调频信号，可以跟踪更多的目标。[①] 2014年6月初，空军授予洛克希德·马丁公司合同建造新的S波段“太空篱笆”。一个站点位于夸贾林环礁，计划于2018年启用，第二个位于澳大利亚西部，计划于2022年启用。夸贾林站已于2015年2月开始建造。新“太空篱笆”最大覆盖范围预计达到39912千米，能够探测1931千米距离内垒球大小的目标，能监视超过20万个目标。新一代美国空军“太空篱笆”计划耗资35亿美元。[②]

“根据新发布的该项目招标书（RFP），空间篱笆系统的特点和性能主要包括：使用陆基S波段雷达，基于网络中心构架；可探测位于250—3000公里和18500—22000公里的低/中地球轨道上的10万个空间目标，探测能力是现有陆基系统的10倍；可对直径为5厘米的目标进行监视（现有系统只能监视直径为30厘米的目标）；系统中每个雷达都具备同时跟踪100个低轨空间目标的能力。”[③]

---

① Jeffrey T. Richelson, *The US Intelligence Community* (6*th ed.*). Boulder: Westview Press, 2012. p. 276.

② Ibid., p. 277.

③ 张泽：“外空安全战略研究——兼论中国外空安全战略框架设计”，外交学院2009年度博士学位论文，第119页。

（3）“地球仪 -2”雷达

“地球仪 -2”（Globus II）雷达是美国空军航天司令部与挪威军事情报机构的合作项目，美国编号为 AN/FPS - 129 雷达，挪威的项目名称为“地球仪 -2”雷达。该雷达最初部署在范登堡空军基地，1999 年迁往挪威瓦尔多（Vardo），距俄罗斯边境仅 64 千米。该雷达是一部机械操控的 X 波段雷达，雷达安装在可移动的基座上，能 360 度转动，俯仰覆盖 0—90 度；作用距离超过同步轨道，能跟踪高度在约 41000 千米的地球轨道上的空间目标。① 在 2001 年，它每天跟踪大约 100 个深空目标。它也可用做成像雷达提供高分辨率影像，并可用于光谱数据搜集，如读取喷气发动机尾气以确定飞机类型。②

该雷达取代了原来部署于挪威的另一部雷达“克瑞克 · 查特”（CREEK CHART），苏联怀疑这部雷达为美国的国家导弹防御系统提供数据，美国和挪威当局都否认了这项指控。③

2. 陆基光电监视网

陆基光电监视网可有效弥补雷达作用距离的不足，对高轨空间目标进行高精度测量，是空间目标定轨的主要手段。陆基光电监视网主要利用光电望远镜来实现对高轨空间目标的监视，能够对空间 35200 千米高度的物体成像，实现对中高轨道上的空间目标的探测。

美国专门用于空间目标监视的光学传感器有贝克—纳恩照相机、陆基光电深空空间监视系统、毛伊岛光学跟踪与识别设备。

（1）“贝克—纳恩”（Baker-Nunn）望远镜

“贝克—纳恩”是美国早期的大型望远镜，部署在意大利的圣维托和加拿大的纽芬兰。它依靠名为“贝克—纳恩”的照相机，这种相机可以在微光或黑暗时探测到被太阳照射的卫星，通过与已知恒

---

① 王克等：“美国空间目标监视情报体制研究（一）”，《国外卫星动态》2009 年第 10 期，第 13 页。

② Jeffrey T. Richelson, *The US Intelligence Community* (6*th ed.*) . Boulder: Westview Press, 2012. p. 277.

③ Ibid.

星对比得到卫星的准确位置。“贝克—纳恩”可以对5000—36000千米甚至更高的卫星成像，并记录在胶片上，经2—4小时图像分析后，将数据发往空间监视中心。“贝克—纳恩”设立在大约12个站点上，一直到20世纪80年代中期，“贝克—纳恩”一直是主要的陆基光学传感器，最后的站点关闭于1992年。[①]

（2）“陆基光电深空空间监视系统”

20世纪80年代初，美国建设了“陆基光电深空空间监视系统”（Ground-based Electro-Optical Deep Space Surveillance，GEODSS），该系统接替了“贝克—纳恩”望远镜的角色。这是一个使用望远镜、低光电视照相机和计算机的光学系统，取代了老式使用摄影胶卷的贝克—纳恩照相机。

目前有3个在运行的“陆基光电深空空间监视系统”站点，它们是：新墨西哥州的索克罗（Socorro）、夏威夷的毛伊岛（Maui）、印度洋上的迪戈加西亚（Diego Garcia）。

韩国大邱的站点因来自小镇的烟雾、天气和经费于1993年关闭。起初还准备在葡萄牙设置第五个站点，但是后来未建。

1997年底，西班牙莫龙（Morón）空军基地又建成了一部机动望远镜，被称为莫龙光学空间监视系统（Morón Optical Surveillance System，MOSS），该系统于1997年12月4日正式运行。它的工作原理与陆基光电深空空间监视系统相同，也是用于深空目标的编目与维护。这部望远镜被装在一部雷达基座上，成了一部可移动的机动望远镜，可填补“陆基光电深空空间监视系统”的覆盖盲区。

“陆基光电深空空间监视系统”可以跟踪深空目标，它需要在晴朗的夜空来跟踪。每个站点都有3部米口径的望远镜，望远镜经过“深空凝视”（Deep STARE）的升级改造，配备基于电荷耦合装置的高敏感度数码相机技术。望远镜既能单手使用也能同时使用，可以探测到比人眼所能看到暗1万倍的目标，可以光学跟踪5000千米高

① Jeffrey T. Richelson, *The US Intelligence Community* (*6th ed.*). Boulder: Westview Press, 2012. p. 274.

的目标。①

与“贝克—纳恩”系统一样，“陆基光电深空空间监视系统”也是依靠目标反射的光来观测，所以仅能在晴朗天气的夜间工作，灵敏度和分辨率受到大气条件的影响。但与早期系统不同的是，“陆基光电深空空间监视系统”不再使用胶片，而是依靠微光电视摄像机和计算机，获取的数据存储在磁盘上分析，也可以直接把数据实时传送给空间监视中心使用。该系统能够对地球同步轨道上的物体成像，提供精确数据，为空间编目提供数据。计算机能自动过滤夜空背景星，并利用已知空间目标的存储器确定新目标或未知目标。一旦发现新目标或未知目标即向用户发出警报。

（3）毛伊岛光学跟踪与识别设备

“毛伊岛光学跟踪与识别设备”（Maui Optical Track and Identification Facility，MOTIF）是与上述“陆基光电深空空间监视系统”相类似的光学传感器，但附加了一个长波红外探测系统。该设备承担近地与深空空间监视与目标识别任务，作用距离与光电深空空间监视系统相似，也只能在夜间工作。

3. 陆基无线电侦测网

陆基无线电侦测网利用无线电侦测手段，截获在轨运行的各类卫星、载人航天器、空间站等空间目标辐射的遥测遥控、通信、导航等各种电磁信号，完成对空间目标的识别、跟踪和定位。

美国专门用于空间目标监视的无线电传感器主要是“深空空间跟踪系统”（Deep Space Trace System，DSTS）。深空空间跟踪系统分别在美国纽约州的格里菲斯空军基地、英国的费特威尔皇家空军基地和日本的三泽空军基地建有接收站，依靠高灵敏度的抛物面天线探测跟踪卫星发出的无线电信号。该系统属于被动探测手段，对于太空碎片与完全停止工作的废旧卫星这些完全不发出无线电信号的目标无能为力。

---

① Jeffrey T. Richelson, *The US Intelligence Community* (*6th ed.*). Boulder: Westview Press, 2012. p. 275.

（二）兼用空间监视传感器（Collateral sensors）

兼用传感器是指美国战略司令部所属，首要任务不是空间监视，但同时承担有空间监视任务，在不执行主要任务时执行空间监视任务的传感器。

1. “弹道导弹早期预警系统”

第二章所述的始建于20世纪50年代末60年代初的“弹道导弹早期预警系统”，分别部署于阿拉斯加州克里尔、丹麦格陵兰岛图勒与英国菲林代尔斯三个站点。现在这三个站点的雷达都已更换为相控阵雷达，主要任务是对射向北美和欧洲的弹道导弹提供预警和攻击评估，该系统的雷达也能够跟踪空间目标，但只能跟踪低地球轨道上比较大的目标。

2. “潜射弹道导弹预警系统”

第二章所述的20世纪80年代至90年代部署的潜射弹道导弹系统的“铺路爪”相控阵雷达，目前在马萨诸塞州科德角奥梯斯空军基地和加利福尼亚州比尔空军基地的2部还在服役，主要任务是对射向北美的潜射弹道导弹提供预警和攻击评估，该系统的雷达也能用于空间监视，但只能探测与跟踪低地球轨道上的大目标。

3. “环形搜索雷达攻击目标特征判定系统”（PARCS）

第二章所述的北达科他州卡弗利尔航空站的“环形搜索雷达攻击目标特征判定系统”是1975年退役的美国反弹道导弹系统的遗留物。目标特征判定系统是一个单阵面相控阵雷达，命名为AN/FPQ－16，作用范围为4989千米，高37米，可以同时跟踪数百个目标。它的主要任务是提供洲际弹道导弹或潜射弹道导弹预警，同时也提供高倾角和极轨空间目标的监视、跟踪、报告以及空间目标识别（Space Object Identification，SOI），还可以提供近地测量和雷达截面积测量。“环形搜索雷达攻击目标特征判定系统”目前由第十航天预警中队负责管控。

4. 阿松森雷达

阿松森岛（Ascension）位于巴西东海岸和南非西海岸之间的南大西洋上，1971 年在这里部署了两部雷达。主雷达是 AN/FPQ-15 跟踪雷达，能够为“东部航天与导弹中心”（Eastern Space and Missile Center，ESMC）提供空间与导弹发射信息，为“联合太空作战中心态势感知作战室”（Joint Space Operations Center Space Situational Awareness Operations Cell）提供近地卫星观测，为空军航天司令部情报部门提供空间目标识别数据。另一部雷达是 AN/TPQ-18 机械跟踪雷达。[①]

（三）借用空间监视传感器（Contributing sensors）

这类传感器不属于美国战略司令部，往往是私人承包商或美国政府其他机构所有，通过合同或协议方式提供空间监视数据。

1. “林肯空间监视复合体”（Lincoln Space Surveillance Complex，LSSC）

“磨石山”（Millstone）雷达[②]、“干草堆”（Haystack）雷达[③]和“干草堆”辅助（Haystack Auxiliary，HAX）雷达位于马萨诸塞州韦斯特福德（Westford），由麻省理工（MIT）林肯实验室负责操作，组成了“林肯空间监视复合体”。“磨石山”雷达是一部深空大型碟形跟踪雷达，能够跟踪地球同步轨道上 1 平方米的目标。它于 1957 年部署，并在当年成为第一部探测到“斯普特尼克 1 号”雷达反射信号的雷达。“磨石山”雷达每周用 80 个小时为美国空间监视中心执行空间目标的跟踪工作。[④]“干草堆”超宽带卫星成像雷达（Haystack Ultra-Wideband Satellite Imaging Radar，HUSIR）是

① Jeffrey T. Richelson, *The US Intelligence Community* (*6th ed.*). Boulder: Westview Press, 2012. p. 279.

② 有的中文材料音译为“米尔斯顿”雷达。

③ 有的中文材料音译为“亥斯台克”雷达。

④ 直心义：“庞大的美国空间目标监视系统”，《现代军事》2001 年第 6 期，第 20 页。

一部高质量成像雷达，1964 年部署，可以解析低地球轨道上小到直径 1 英尺的目标。在国会听证会上，它被描述成能提供“我们从其他地方得不到的在轨卫星影像”。[①]“干草堆”雷达大约每 6 个星期为空间监视中心提供一次宽带的空间物体判别数据。[②]“干草堆”雷达曾经停止工作进行升级，因此 1993 年又部署了“干草堆”辅助雷达，以便在“干草堆”雷达以射电天文模式工作时，空间监视工作不受影响。[③]

2. 夸贾林反导弹靶场雷达

目标分辨与识别实验雷达（Target Resolution and Discrimination Experiment，TRADEX）是美国第一部脉冲多普勒远程跟踪与识别雷达，由美国无线电公司（RCA）研制，1963 年部署在太平洋马绍尔群岛夸贾林（Kwajalein）反导弹靶场的洛伊—那幕尔岛（Roi-Namur）上。目标分辨与识别实验雷达是一部低频碟形雷达，可以发现 2400 英里（3862 千米）外进入夸贾林视区的目标。[④]

1970 年美国国防部高级研究计划局（DARPA）的两部雷达——高级研究计划局远程跟踪与识别雷达（ARPA Long-range Tracking and Identification Radar，ALTAIR）[⑤] 和高级研究计划局林肯 C 波段观测雷达（ARPA Lincoln C-band Observe Radar，ALCOR）[⑥] 部署在西太平洋的夸贾林环礁上，由美国陆军太空与导弹防御司令部（Army Space and Missile Defense Command）管理。

高级研究计划局远程跟踪与识别雷达 12 米的天线为低地球轨道

---

① Jeffrey T. Richelson, *The US Intelligence Community*（*6th ed.*）. Boulder: Westview Press, 2012. p. 281.

② 直心义：“庞大的美国空间目标监视系统”，《现代军事》2001 年第 6 期，第 20 页。

③ Jeffrey T. Richelson, *The US Intelligence Community*（*6th ed.*）. Boulder: Westview Press, 2012. p. 282.

④ Ibid. p. 281.

⑤ 有的中文材料将缩写直接音译为“阿尔泰”雷达。

⑥ 有的中文材料将缩写直接音译为“阿尔柯”雷达。

上的空间目标识别提供宽带雷达成像，在夸贾林反导弹靶场的支持下，在不干扰的基础上，对“空间监视网”提供支持。该雷达观测到了1970年中国的首次卫星发射。①

高级研究计划局林肯C波段观测雷达拥有46米的抛物面天线，每周以空间监视模式工作128小时，具备对抗近地与深空目标的能力，可以跟踪1/3地球同步轨道带。俄罗斯、中国和日本所发射的超过50%的目标要在进入轨道前通过“高级研究计划局林肯C波段观测雷达”的覆盖区域。②

1983年，在夸贾林环礁上又部署了一部毫米波（Millimeter Wave，MMW）雷达，“毫米波雷达是‘空间监视网’中最高分辨率的成像雷达，可以探测到目标小到5英寸（约13厘米）的细节，因而对情报界具有重要价值”。③

3. 毛伊空间监视系统（MSSS）

毛伊空间监视系统（MSSS）与陆基光电深空监视系统（GEODSS）相类似，“但它有一可变形的反射镜，用于补偿大气振动，使图像更清晰。该设备只限于在夜间使用，云和明亮的光都会限制其观测目标的机会，其主要任务是支持研究与发展”。④

4. AN/FPS－108“丹麦眼镜蛇”（Cobra Dane）

第二章所述的1977年投入使用的“丹麦眼镜蛇”相控阵雷达，部署于阿拉斯加州埃里克森航空站，主要任务是搜集苏联堪察加半岛导弹试验场的相关情报，也能执行导弹预警任务，同时附带执行空间监视任务。它的精度和灵敏度均要高于“铺路爪”相控阵雷达。

---

① Jeffrey T. Richelson, *The US Intelligence Community* (6th ed.). Boulder: Westview Press, 2012. p. 281.

② Ibid.

③ Ibid.

④ 直心义：“庞大的美国空间目标监视系统”，《现代军事》2001年第6期，第20页。

表 4—1　美国“空间监视网”传感器

类别	名称	位置	类型	服役时间	主要能力
专用传感器	空军空间监视系统	沿北纬 33 度线布设 9 个站（3 个发射、6 个接收）	连续波雷达	1961 年	空间测量与跟踪
	AN/FPS－85	佛罗里达州埃格林空军基地	相控阵雷达	1969 年	1. 近地空间测量与跟踪 2. 雷达反射截面测量 3. 有限的深空测量与跟踪
	陆基光电深空监视系统（GEODSS）	新墨西哥州索科罗 夏威夷州毛伊岛 迪戈加西亚岛	光电望远镜	20 世纪 80 年代初	1. 深空测量与跟踪 2. 空间目标光学识别
	莫龙光学监视系统（MOSS）	西班牙莫龙（Morón）空军基地	光电望远镜	1997 年	1. 深空测量与跟踪 2. 空间目标光学识别
	“地球仪－2”雷达	挪威瓦尔多（Vardo）	机械雷达	1999 年	1. 近地空间测量与跟踪 2. 深空高精度宽带成像
兼用传感器	弹道导弹预警系统（BMEWS）	阿拉斯加州克里尔 丹麦格陵兰岛图勒 英国菲林代尔斯	相控阵雷达	20 世纪 60 年代初	1. 近地空间目标跟踪 2. 雷达散射截面测量

续表

类别	名称	位置	类型	服役时间	主要能力
兼用传感器	阿松森雷达	南大西洋阿松森岛（Ascension）	2 部机械雷达	1971 年	1. 近地空间目标跟踪 2. 雷达散射截面测量
	环形搜索雷达攻击目标特征判定系统（PARCS）	北达科他州卡弗利尔航空站	相控阵雷达	1975 年	1. 近地空间目标跟踪 2. 雷达散射截面测量
	潜射弹道导弹预警系统（PAVE PAWS）	加利福尼亚州比尔空军基地 马萨诸塞州科德角航空站	相控阵雷达	1980 年	1. 近地空间目标跟踪 2. 雷达散射截面测量
借用传感器	“磨石山”雷达	马萨诸塞州韦斯特福德磨石山	1 部机械雷达	1957 年	1. 近地和深空测量跟踪 2. 雷达散射截面测量
	“干草堆”雷达	马萨诸塞州韦斯特福德	机械雷达	1963 年	1. 近地和深空目标宽带成像 2. 雷达散射截面测量
	目标分辨与识别实验雷达（TRADEX）	马绍尔群岛夸贾林环礁	机械雷达	1963 年	1. 近地和深空测量跟踪 2. 雷达反射截面测量
	高级研究计划局林肯 C 波段观测雷达（ALCOR）	马绍尔群岛夸贾林环礁	机械雷达	1970 年	1. 近地和深空目标宽带成像 2. 雷达散射截面测量

续表

类别	名称	位置	类型	服役时间	主要能力
借用传感器	高级研究计划局远程跟踪与识别雷达(ALTAIR)	马绍尔群岛夸贾林环礁	机械雷达	1970年	1. 近地和深空测量跟踪 2. 雷达反射截面测量
	毛伊空间监视系统(MSSS)	夏威夷毛伊岛	5部光电望远镜	20世纪70年代中期	1. 深空目标测量跟踪 2. 空间目标识别 3. 近地光学成像
	AN/FPS-108"丹麦眼镜蛇"(Cobra Dane)	阿拉斯加州谢米亚岛埃里克森航空站	相控阵雷达	1977年	1. 近地空间目标跟踪 2. 雷达散射截面测量
	毫米波(MMW)雷达	马绍尔群岛夸贾林环礁	机械雷达	1983年	1. 近地和深空目标宽带成像 2. 雷达散射截面测量
	"干草堆"辅助雷达	马萨诸塞州图格斯堡干草堆山(Haystack Hill)	机械雷达	1993年	1. 近地空间宽带成像 2. 雷达散射截面测量

资料来源：根据 GAO, Report to the Subcommittee on Strategic Forces, Committee on Armed Services, House of Representatives, *Space Acquisitions Development and Oversight Challenges in Delivering Improved Space Situational Awareness*, May 2011. pp. 38 - 39, http://www.gao.gov/assets/320/318942.pdf 材料整理制作而成。

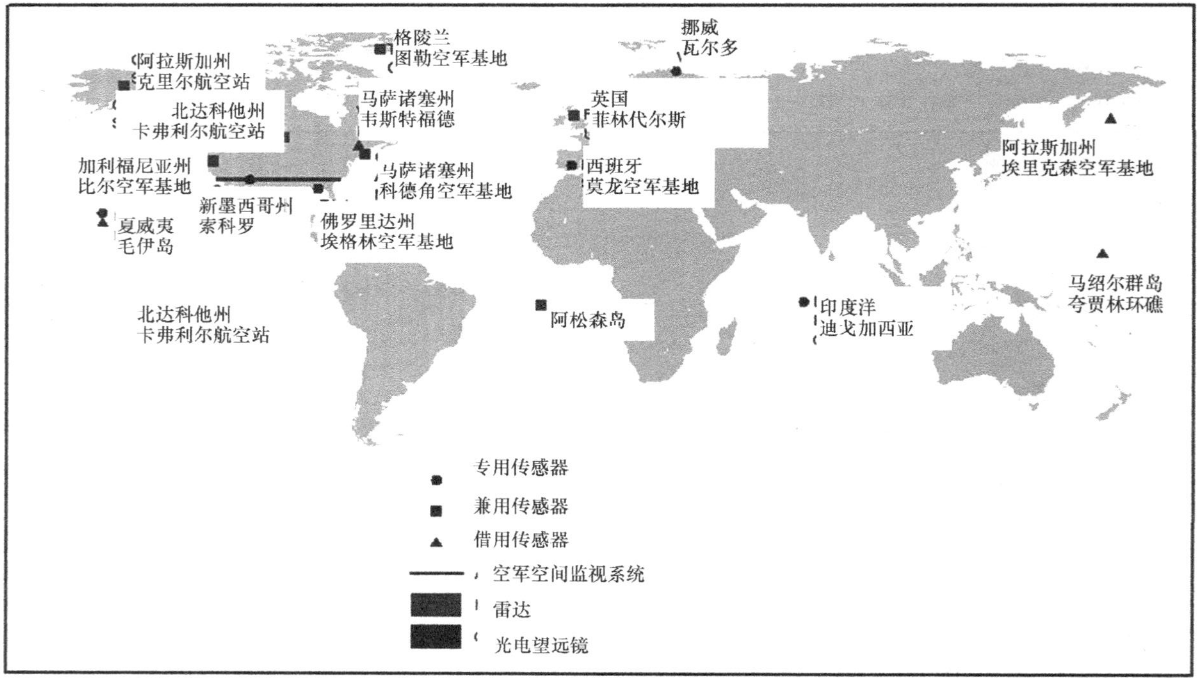

图 4—2　美国“空间监视网”(SSN)传感器类型及位置

图片来源:GAO, *Report to the Subcommittee on Strategic Forces, Committee on Armed Services, House of Representatives: Space Acquisitions Development and Oversight Challenges in Delivering Improved Space Situational Awareness*, May 2011, p. 40, http://www.gao.gov/assets/320/318942.pdf.

二、美国“天基空间监视系统”（SBSS）的发展

经过近60年的发展，美国在全球多个地点部署了由29部探测雷达、跟踪雷达、成像雷达和光学望远镜组成的陆基“空间监视网”，编目管理了大量空间目标。

但是，庞大的美国陆基空间监视系统也有其自身不可克服的弱点。

一是由于这些陆基监视站点都是建在地面上，易受天气与大气环境的影响，比如太阳风暴就会干扰雷达的探测，而云雨天气则会影响望光学远镜观测效果。

二是存在覆盖盲区。地面监视系统受传感器视野所限，雷达只能观测处于其所在地上空的目标。而现有陆基雷达都处于欧美地区，观测区域只能覆盖北美和欧洲，缺少对其他地区的空间监视能力。

三是观测时间受限。望远镜得依靠光反射识别空间目标，因此待观测太空目标不但要在望远镜视野内，而且要处于恒星光线的照射下。此外，要保证观测效果还要排除光污染干扰，如前文所述，“陆基光电深空空间监视系统”就只能在夜间才能工作。

四是监视周期太长。美国现有的深空探测设备数量与质量只能每隔5天对一般空间目标进行重复监视。

这些不足与缺陷严重制约了美国空间监视能力，而部署于太空的“天基空间监视系统”则可有效弥补陆基“空间监视网”的不足。

天基空间监视系统，是指“依托卫星搭载探测设备实现对空间目标的探测与跟踪，确定可能对我方航天器构成威胁的目标形状、尺寸、轨道参数等重要特性，并对目标特性数据进行处理、归类和分发的综合系统，主要由监视卫星、地面数据处理设备及卫星测控设备等构成”。[①]

---

① 徐俊等：“天基空间目标监视系统发展现状及趋势”，《长缨》2012年第3期，第12页。

相对于传统的光学望远镜与雷达组成的陆基空间监视系统，天基空间目标监视系统有以下优势：一是系统运行于太空，部署和组网不受限制，使用方便；二是天气条件限制小，可全天候工作；三是观测距离远、观察视场大。

由此可见，“天基空间监视系统”具有陆基空间监视系统所不具备的独特优势，由在不同轨道上部署的空间目标监视卫星组网，并与陆基空间目标监视系统联合，可以最大限度地减少对空目标监视的盲区。

（一）“中段空间试验卫星”（MSX）

美国早在20世纪80年代就提出发展空间监视系统。1996年4月24日由约翰·霍普金斯大学（Johns Hopkins University）应用物理实验室设计的“中段太空试验卫星”（Midcourse Space Experiment，MSX）在范登堡空军基地由德尔塔火箭发射升空。MSX上搭载的主要设备有：第三代空间红外成像望远镜（SPIRIT III）、紫外可见光传感器（Ultraviolet and Visible- Light Sensor，UVIS）和天基可见光（Space-Based Visible，SBV）望远镜。这颗卫星最初设计是作为导弹防御实验卫星，主要任务是对导弹中段的发现和跟踪，进行导弹中段预警。该项目于1997年完成技术验证，成为“空间监视网”的兼用传感器。1998年，它被认为“能够比‘空间监视网’其他所有传感器跟踪到更多的地球同步轨道带上的目标”。[①] 2000年10月1日“中段空间试验卫星”成为“空间监视网”的专用传感器。到2002年它的大部分传感器已经失效，重约20千克的天基可见光望远镜还能够使用可见光在地球静止轨道搜索和跟踪卫星，2008年随着天基可见光望远镜的失效，空军关闭了该卫星。“中段空间试验卫星”验证了导弹预警和防御所用探测器技术，收集和

---

① Jeffrey T. Richelson, *The US Intelligence Community* (6*th ed.*). Boulder: Westview Press, 2012. p. 273.

统计了有价值的背景和目标数据。[1] MSX 的终止意味着美国专用天基传感器的缺失。

（二）“天基空间监视系统”（SBSS）

2001 年，当时即将出任美国国防部长的拉姆斯菲尔德主导的“美国国家安全空间管理和组织评估委员会”（Assess United States National Security Space Management and Organization）强调了对美国天基财产脆弱性的强烈关注，认为对这些财产的真实威胁会最终显现，如果美国想要避免“太空珍珠港”事件的出现，就需要认真对待美国空间系统遭受攻击的可能性。2002 财年中提出的天基空间监视项目是一项新的计划，它依靠组建卫星群使用可见光传感器来执行空间态势感知（Space Situation Awareness，SSA）。由空间监视卫星组成的天基星群将提供及时的空间态势感知，以配合未来的空间控制行动。天基空间监视项目是上述“中段太空实验/天基可见光传感器”（MSX/SBV）的后续项目。天基空间监视项目监控深空目标的能力将因此比“中段太空实验/天基可见光传感器”提高 80%。天基空间监视系统将探测和跟踪卫星和轨道碎片，生成国防部军事行动所需要的数据库。天基空间监视系统是通往未来太空优势和天基空间监视星群的重要一步。

“天基空间监视系统”项目于 2002 年正式启动，项目总成本为 8.239 亿美元，[2] 主要目的是建立一个低地球轨道光学遥感卫星星座，拥有较强的轨道观测能力，重复观测周期短，并可全天候观测，可大幅度提高美国深空物体的探测能力，增强美军的空间态势感知能力。天基太空监视系统计划分两个阶段进行：第一阶段（Block 10）目标是研制和部署一颗“探路者”（Pathfinder）卫星，以此来替代美国目前唯一的一台天基探测器——中段空间实验卫星上的可见光传感器，从而提供一种过渡性的天基空间监视能

① 陈海萍、石海明：“解读天基空间目标监视系统”，《科技日报》2012 年 11 月 27 日。

② 沈松、戴艳丽译：《2012 年太空安全索引》，沈阳：辽宁大学出版社，2013 年，第 29 页。

力；第二阶段（Block 20）将部署由4颗卫星组成的光学卫星星座，并将应用更为先进的技术。Block 10阶段得到的经验和技术将用来指导Block 20。[①]

2010年9月25日，“米诺陶4号”（Minotaur IV）火箭搭载“天基空间监视系统”第一阶段卫星从加利福尼亚州范登堡空军基地（Vandenberg AFB）发射升空。“天基空间监视系统”卫星发射质量为2275磅（约1031千克），轨道为390英里（约630千米）的太阳同步轨道。卫星采用三轴稳定设计，携带有高灵敏度可见光传感器，设计寿命为7年。该卫星不仅能探测模糊目标，还能快速地从一个目标转移至另一个目标，并能跟踪移动目标，如正在入轨的卫星。

“天基空间监视系统”大大增强了美国的空间监视能力，被美国人评价为“太空态势感知的革命”（Revolution of Space Awareness）。[②]它有以下几方面的优点：

1. 成像能力好

“天基空间监视系统”卫星的设计上有许多重要改进。望远镜被安装在灵活的双轴万向常平架而不是固定的支架上，可以在不改变卫星姿态的条件下快速转动，从而拓展了视野，更加方便探测跟踪太空目标。“天基空间监视系统”卫星的太空可见光望远镜口径为0.3米，比前辈“中段空间试验卫星”的可见光望远镜0.15米的口径大一倍，具有更宽广的视野；240万像素也比“中段空间试验卫星”卫星上不到20万像素高许多；星上载荷的电子器件噪声也非常低，降低了对探测能力的干扰。[③]

2. 定轨精度高

目前美国的陆基雷达对处于近地轨道的空间目标的定轨误差可

---

① 黄波编译：“美国天基空间监视系统‘探路者’卫星通过关键设计评审”，《国外卫星动态》2007年第1期。

② 陈杰等：“美国天基太空监视系统”，《国防科技》2011年第1期，第69页。

③ 同上。

高达数百米，对于地球同步轨道目标的误差更大；而“天基空间监视系统”卫星对于近地轨道的空间目标的定轨误差可缩小到10米，对于高轨道的空间目标定轨误差约500米，对于当前规避太空轨道碎片碰撞和未来太空作战都大有裨益。

3. 工作时间长

相比前辈，“天基空间监视系统”系统具备更长的工作时间。“中段空间试验卫星”只具备每天8小时的工作能力，而“天基空间监视系统”卫星可以每天24小时全时段工作。

4. 深空目标的监视能力强

“天基空间监视系统”的初始设计目标就是要比“中段试验卫星”的深空目标探测能力提升80%。“天基空间监视系统”实现了全时段和全天候的空间监视，极大提升了对深空目标的监视能力。这使得美国具备及时探测跟踪几乎任何太空威胁目标的能力。正式建成后4颗第二代卫星和已发射的第一代“探路者”卫星，可以保证任何时候美国都能有1颗卫星完整地监测到整个地球同步轨道，这是更高灵敏度的“陆基光电深空监视系统”永远无法实现的能力，“天基空间监视系统”将使美国对地球同步轨道卫星的跟踪能力提高50%。[①]

5. 目标编目的更新周期短

“天基空间监视系统”与美国原有的陆基“空间监视网络”相配合，可以将美国空间目标编目的更新周期从原来的5天缩短到1天，从而大大缩短了美国空间目标编目的更新周期。

（三）“轨道深空成像系统”（ODSI）

与部署在低轨的“天基空间监视系统”不同，美国空军正在研制和部署的“轨道深空成像系统”（Orbit Deep Space Imager，ODSI）是由运行在地球同步轨道的成像卫星群所组成的卫星星座，“其主要任务是执行空间目标识别，拍摄地球静止轨道空间目标的高分辨率

---

① 陈杰等：“美国天基太空监视系统”，《国防科技》2011年第1期，第69页。

图像，并实时或定期地提供相关信息，支持整个空间战场感知和空间对抗作战”。①

表4—2　美国天基监视系统基本信息

名称	中段空间试验卫星（MSX）	天基监视系统（SBSS）	轨道深空成像系统（ODSI）
负责单位	美国弹道导弹防御局	洛杉矶空军基地、航天和导弹中心	美空军空间与导弹系统中心
轨道	太阳同步圆形轨道（908km）	低地球轨道（约1100km）地球同步轨道	地球同步轨道
卫星数量	可见光相机可实时跟踪	实时跟踪	实时跟踪
监视载荷	1. 紫外成像仪与光谱成像仪 2. 天基可见光相机 3. 空间红外成像望远镜	多种光电传感器	光学望远镜
时间	1996年4月26日	2007年发射首颗星；2010年投入使用	计划于2015年发射首颗星
发展进度	仅天基可见光相机仍在工作	初步确定天基空间监视系统设计方案	2004年底完成采办战略研究
经费	近1亿美元	5.9亿美元	2004年3.9亿美元； 2005年8.8亿美元； 到2009年总投资约为499.7亿美元

① 陈海萍、石海明：“解读天基空间目标监视系统”，《科技日报》2012年11月27日。

续表

名称	中段空间试验卫星（MSX）	天基监视系统（SBSS）	轨道深空成像系统（ODSI）
目的	1. 监测途中飞行过程的导弹 2. 空间目标监测 3. 天空背景光和际地背景光探测 4. 空间粒子和气体污染测量	1. 发现、研究和跟踪空间目标 2. 提高对空间目标监视、跟踪和识别能力，增强对空间战场态势的实时感知能力	1. 提高国防部空间监视能力 2. 跟踪和监视高轨道上的物体，提供空间目标的详细特征信息 3. 进行空间目标识别

资料来源：此表系根据以下两篇论文中表格组合而成。王杰娟、于小红："国外天基空间目标监视研究现状与特点分析"，《装备指挥技术学院学报》2006 年第 4 期，第 34—35 页；苏宪程等："美国空间态势感知发展分析"，《装备指挥技术学院学报》2010 年第 2 期，第 45 页。

（四）"地球同步轨道空间态势感知计划"（GSSAP）

"地球同步轨道空间态势感知计划"（Geosynchronous orbit Space Situation Awareness Program，GSSAP）的头两颗卫星于 2014 年 7 月 28 日在卡纳维拉尔角空军基地由"德尔塔－4"火箭发射升空。2015 年 1 月，卫星经过了测试阶段，但仍需数月才能形成初始作战能力。该双星将在地球同步轨道带上下漂移，可以对国外卫星进行抵近监测。位于科罗拉多州施里弗空军基地的空军航天司令部第 50 航天联队通过空军卫星测控网运控这对卫星。美国于 2016 年 8 月 19 日使用"德尔塔－4"火箭发射了两颗替代卫星。

第三节　冷战后美国反导预警体系的发展

美国于 20 世纪 70 年代开始部署的"国防支援计划"是一个偏重战略监视的预警卫星系统，具备以红外探测远程弹道导弹发射的能力。尽管在 1991 年的海湾战争中，美国借助"国防支援计划"卫星在与伊拉克发射的"飞毛腿"导弹的对抗中大获全胜，但战后美国国防部也承认“国防支援计划”预警卫星系统存在以下不足。

一是预警时间不足。以约10秒扫描一次的速度工作，经过卫星下传到地面站后传给导弹发射系统，总共需要几十分钟时间，应对洲际弹道导弹和潜射弹道导弹尚可，对付战术导弹，所提供的预警时间就显不足了。

二是只能发现无法跟踪。因为身处36000千米高空，无法探测到导弹关机后产生的微弱红外辐射，因此只能提供导弹发射时间和地点，无法提供导弹轨迹和弹着点。

三是无法全部覆盖80度以上高纬度地区。

四是地面分辨率低，对移动式发射方式监测基本无效。

美国国防部在1979年和1995年间曾先后设计了以下项目取代“国防支援计划”：

一是80年代早期的“高级预警系统”（Advanced Warning System）；

二是80年代末期的“推进监视与跟踪系统”（Boost Surveillance and Tracking System）；

三是90年代早期的“后续早期预警系统”（Follow-on Early Warning System）。

这些设想都因为技术不成熟、成本过高以及抗毁力不足等问题而未被采纳。

一、建设“天基红外系统”以逐步取代“国防支援计划”卫星

1995年，美国空军宣布了一个新的耗资230亿美元的天基导弹预警后续项目——“天基红外系统”（SBIRS）。天基红外系统由三种轨道的卫星组合而成——大椭圆轨道卫星系统（HEO）、地球低轨道卫星系统（LEO）、地球同步轨道卫星系统（GEO），以及联合地面站组成，由美国空军航天司令部总负责，洛克希德·马丁公司空间系统分公司和诺斯罗普·格鲁曼电子系统分公司具体负责研发和

制造天基红外各技术系统。项目采取先高轨后低轨的开发步骤，在“国防支援计划”卫星的基础上先发展天基红外高轨部分，实现预警能力，再向天基红外低轨方向发展。整个系统非常复杂，被称为“系统中的系统”。

天基红外系统的主要任务有四项：导弹预警、导弹防御目标导引、技术情报侦察，以及战场空间感知。

导弹预警（MW）。天基红外系统可以探测导弹发射，并迅速通知地面站，为指挥部组织防御、作战决策提供关键情报。

导弹防御（MD）。天基红外可以探测到导弹的发射，对导弹中段飞行进行跟踪，并将导弹轨迹信息发送给拦截器，引导其实施有效拦截。

技术情报（TI）。天基红外的传感器可以探测到包括导弹在内的重要目标的高价值技术情报，可供日后导弹防御及情报作战提供重要参考和依据。

战场空间感知（BA）。天基红外的传感器可以提供战场毁伤程度的评估，为指挥官分析战场态势、掌控战争全局提供重要情报。

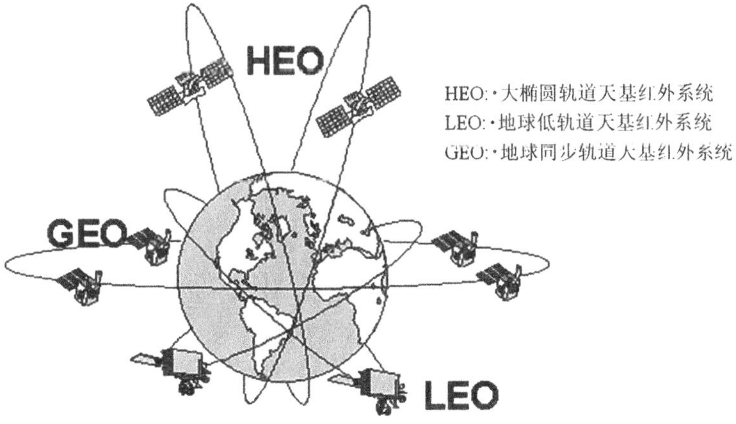

图 4—3　“天基红外系统”星座组成示意图

图片来源：FAS：*Space Based Infrared System*，http：//www. fas. org/spp/military/program/warning/sbir. htm.

“天基红外—高轨”(Space-based Infrared-High, SBIRS-H)由5颗运行于地球同步轨道(GEO)的专用卫星(其中一颗星为备份)、2颗运行于大椭圆轨道卫星上的传感器组成。“天基红外—高轨”将取代“国防支援计划”卫星，主要用来提供加强的战略和战区弹道导弹预警能力。卫星采用双传感器体制，每颗卫星都装有一部高速扫描型传感器和一部凝视型传感器。一旦高速扫描型传感器探测到导弹发射喷出的尾焰，则立即将目标信息提供给凝视型传感器，后者通过将导弹发射画面拉近放大细查，获取更为详细准确的目标信息。双传感器体制使得天基红外卫星的扫描速度和灵敏度比“国防支援计划”卫星高10倍，能够在导弹发射10—20秒内就将预警信息传送到地面站。此外，天基红外系统还利用两颗大椭圆轨道卫星覆盖了南北两极，填补了“国防支援计划”卫星的监视盲区，从而在扫描速度、分辨率、信息处理速度以及覆盖区域方面全面超越国防支援计划。作为美国新一代导弹预警卫星，天基红外系统具备了空前强大的全球红外监视预警能力。3颗大椭圆轨道卫星已经先后于2006年6月27日、2008年3月3日和2014年12月12日发射升空入轨。首颗天基红外系统地球同步轨道卫星——GEO-1于2011年5月7日在卡纳维拉尔角发射场由“宇宙神-5”火箭送入轨道。

但是，天基红外高轨卫星仍然与“国防支援计划”卫星存在一个共同的缺点，就是无法跟踪关机后导弹中段以后的飞行，对于多弹头导弹也无法分辨诱饵与弹头。因此诞生了“天基红外—低轨”(Space-based Infrared-Low, SBIRS-L)项目。“天基红外—低轨”系统带两套传感器，由所携带的电脑来协调。一个宽场扫描型红外捕获传感器，旨在在导弹飞行早期捕获弹道导弹，执行战略导弹预警和全球技术情报任务，以及战略导弹防御初始阶段的任务；另一个窄视场凝视型短波段红外及可见光跟踪传感器，旨在在导弹飞行中后程跟踪导弹、弹头和其他目标(如碎片和诱饵)，执行战区导弹预警和防御任务、战场感知任务和特定技术情报任务。

“天基红外—低轨”最初计划包括大约24颗地球低轨卫星。“星上装有长波红外探测器，主要作用是对弹道导弹从主动段、飞行中段和再入段进行全程跟踪和识别，为陆基雷达捕获来袭导弹和弹头提供及时、精确的预报信息。”① 为了与天基红外高轨相区别，2002年导弹防御局将其改名为“空间跟踪与监视系统”（Space Tracking and Surveillance System，STSS）。“大椭圆轨道天基红外系统”仍归空军管理。

“空间跟踪与监视系统”与“国防支援计划”卫星系统相比，“其预警信息的准确度和精确度显著提高，大大简化了反导系统的部署；具有独特的弹道导弹全程跟踪能力，能有效支持防御远程弹道导弹的‘国家导弹防御系统’（NMD）和防御中短程的‘战区导弹防御系统’（TMD）；可监测全球弹道导弹试验、收集导弹信号特征和弹道特性数据，保持和优化防御系统，有效对付新的威胁；还可监测空间物体，为空间攻防和航天器空间碰撞提供信息”。②

表4—3　美国“天基红外系统”基本信息表

天基红外系统（SBIRS）		
	高轨部分	低轨部分
负责单位	美空军空间与导弹系统中心	美国弹道导弹防御局
轨道	地球同步轨道 大椭圆轨道	低轨道卫星（177—483km）
星座	2颗地球同步轨道卫星（GEO） 2颗大椭圆轨道卫星（HEO）	卫星星座24—30颗

① 王兆耀：《中国军事百科全书（第二版）·军事航天技术（学科分册）》，北京：中国大百科全书出版社，2008年。第189页。

② 同上。

续表

天基红外系统（SBIRS）		
	高轨部分	低轨部分
监视载荷	1. “扫描型”红外传感器 2. “凝视型”超敏感红外传感器	1. 宽视场扫描短波红外探测器（捕获） 2. 窄视场高精度凝视型多色探测器（跟踪）
工作波段	红外	覆盖短、中、长波红外、可见光
实时性	不间断监测、预报并及时记录	实时跟踪
发射时间	HEO－1：2006 HEO－2：2008 GEO－1：2011 GEO－2：2013	已发射3颗实验卫星 STSS-ATRR：2009 STSS-Demo 1：2009 STSS-Demo 2：2009
经费	100多亿美元（最初30亿—40亿美元）	200多亿美元（最初计划100亿美元）
目的	1. 侦察弹道导弹的发射，收集有关数据 2. 不间断监测、预报并及时记录太空中、电离层以及大气层的物理状况、太阳黑子活动情况、磁场改变情况等	1. 收集、处理和发送所有级别的弹道导弹发射的情报 2. 对导弹袭击进行早期预警、跟踪和实时传递弹道导弹在弹道全程上的飞行数据 3. 提供弹道中段的精确跟踪和识别

资料来源：王杰娟、于小红：“国外天基空间目标监视研究现状与特点分析”，《装备指挥技术学院学报》2006年第4期，第34—35页。发射时间根据最新信息进行了更新。

2009年5月5日，美国发射了耗资4亿美元的“空间跟踪与监视系统—先进技术风险降低”（STSS ATRR）卫星，此卫星属试验卫星，主要用于测试新型遥感器及验证其跟踪弹道导弹的能力。

2009年9月25日，美国又发射了2颗“空间跟踪与监视系统”试验演示卫星进入低地球轨道，用于演示“空间跟踪与监视系统”卫星对各个飞行阶段导弹的跟踪能力，将在轨验证2—4年，以证明“空间跟踪与监视系统”星群具备每天24小时、每周7天全程监视及跟踪弹道导弹与弹头的能力。

到2013年3月，一共发射了7颗搭载“天基红外系统”或“空间跟踪与监视系统”的卫星：HEO－1（USA－184，2006）、HEO－2（USA－200，2008）、STSS-ATRR（USA－205，2009）、STSS-Demo 1（USA－208，2009）、STSS-Demo 2（USA－209，2009）、GEO－1（USA－230，2011）和GEO－2（USA－241，2013）。

从“导弹防御警报系统”到“国防支援计划”，再到“天基红外系统”，美国导弹预警卫星经历了半个多世纪的发展，已经成为美国战略预警体系的重要组成部分，在美国反导战略预警中发挥了重要作用。通过对三代导弹预警卫星系统的考察，可以看出美国预警卫星系统如下的发展趋势：

1. 卫星群轨道多样化，全球覆盖能力得到提升。组网卫星群卫星轨道由最初单一的地球同步轨道卫星系统向地球同步轨道、大椭圆轨道和低地球轨道复合组网发展，全球覆盖能力大大提升。

2. 采取多传感器相结合，监测效率得到提高。“天基红外—高轨”的高速扫描与凝视双传感器、低轨的捕获与跟踪双传感器相结合，监测效率得到提高。

3. 星上预处理能力、地面处理能力与多元信息融合能力进一步加强，提高了数据处理效率和准确性，客观上提升了预警能力。

4. 任务的多样化。预警卫星不仅能完成预警任务，还能同时完成导弹防御目标导引、技术情报侦察、战场态势感知与分析与空间目标侦察与监视，提高了卫星的利用率，降低了国防开支。

二、升级更新弹道导弹预警雷达

冷战结束后，到目前为止，美国的弹道导弹预警系统的雷达先后进行了两次升级。第一次是非相控阵雷达升级为相控阵雷达；第二次是将相控阵雷达进一步升级为更为先进的AN/FPS－132改进型早期预警雷达（Updated Early Warning Radar，UEWR）。

（一）“弹道导弹预警系统“的相控阵雷达升级改造

“铺路爪”雷达系统问世后，“弹道导弹早期预警”系统也进行了升级改造。

1987 年，格陵兰岛图勒空军基地的 BMEWS－1 站工作 25 年之久的预警雷达被更换成“铺路爪”相控阵预警雷达。新雷达是一部双阵面固态相控阵雷达（SSPAR），每个阵列能覆盖 120 度，两个阵面能覆盖 240 度，作用距离可达 5500 千米，命名为 AN/FPS－120。1 部该雷达就能承担起原来 4 部 AN/FPS－50 雷达和 1 部 AN/FPS－49 雷达的搜索和跟踪任务，并且扩大了探测范围。

美英两国早在 1979 年就达成协议决定改造菲林代尔斯站。1989 年到 1992 年间，美国国防部承包商雷神公司用 1 部新的“铺路爪”固态相控阵雷达取代了英国菲林代尔斯的 BMEWS－3 站的原有的 3 部机械扫描式老雷达 AN/FPS－49。新的雷达命名为 AN/FPS－126，是一部金字塔型三阵面天线，覆盖 360 度方位，大大扩展了对陆射和潜射弹道导弹的探测范围。

1998 年，埃尔多拉多空军基地停用的相控阵预警雷达被搬到了阿拉斯加州的克里尔空军基地 BMEWS－2 站，取代了该空军基地原有的 1 部 AN/FPS－92 跟踪雷达和 3 部 AN/FPS－50 搜索雷达。该雷达也是一部双阵面的固态相控阵雷达，阵面直径达 31 米，命名为 AN/FPS－123，于 2001 年正式工作。“弹道导弹早期预警系统”升级相控阵雷达的性能如表 4—4 所示。

表 4—4　“弹道导弹早期预警系统”相控阵雷达性能

雷达型号	AN/FPS－120	AN/FPS－123	AN/FPS－126
工作频率	UHF	UHF	UHF
天线直径	25.6	31	25.6
阵面数	双面	双面	三面
阵面单元数	共 3169 个，其中有源 2560 个	有源 1792 个	共 2750 个，其中有源 2560 个

续表

雷达型号	AN/FPS－120	AN/FPS－123	AN/FPS－126
覆盖范围	方位240度 仰角3—85度	方位240度 仰角3—85度	方位360度 仰角3—85度
每个组件功率	—	—	340W
每面平均功率	255kw	—	—
总功率	—	—	2.5MW
作用距离	5500km	5500km	5500km

资料来源：陈勇华、陈玲："美国弹道导弹预警系统（BMEWS）预警雷达升级发展概况"，《电子工程信息》2007年第3期，第4页。

（二）"铺路爪"相控阵雷达的布局调整及升级改造

冷战结束后，来自苏联弹道导弹的威胁减少，美国对部署于其东西海岸的4部AN/FPS－115"铺路爪"相控阵预警雷达进行了调整和升级。1995年9月30日，美国决定关闭封存位于罗宾斯和埃尔多拉多的两部相控阵预警雷达。这样，在东西海岸上只剩下奥梯斯空军基地和比尔空军基地的两座相控阵预警雷达。美国对这两部雷达也进行了升级改造，增加了天线阵面有源单元的数量，提高了发射功率，改善了探测能力。改进后的雷达系统名称为AN/FPS－123。

进入21世纪，美国对其相控阵预警雷达进行了升级。雷神公司的AN/FPS－132改进型早期预警雷达就是AN/FPS－115雷达的升级版。"AN/FPS－132采用了当前最好商业软件和雷神公司定制硬件，运用美国导弹防御局（MDA）的先进算法"，"其任务主要是进行导弹预警、导弹防御和空间监视。AN/FPS－132雷达能对来袭弹道导弹进行早期探测和精确跟踪，并能迅速准确判定威胁和非威胁目标，为北美防空司令部、美国战略司令部以及其他用户提供潜射弹道导弹/洲际弹道导弹的综合战术预警和攻击评估。AN/FPS－132还是弹道导弹防御系统（BMDS）中的重要传感器，能在进行预警任务的同时，支持在大气层外或远离导弹袭击目标之外的地方拦截来袭导弹”。[1]

2007 年，美国加利福尼亚比尔空军基地和英国菲林代尔斯空军基地的改进型“铺路爪”雷达 AN/FPS－123 和 AN/FPS－126 升级为 AN/FPS－132，实现了全天候作战能力。丹麦格陵兰岛图勒空军基地的升级版早期预警雷达也于 2009 年完成部署。“AN/FPS－132 雷达联合分别位于美国阿拉斯加州和的克里尔空军站和美国马萨诸塞州科德角空军站的两部 AN/FPS－123，实现了对美国本土的全天时防御。”[2] 上述美国弹道导弹预警系统的相控阵雷达升级改造后的覆盖范围如图 4—4 所示。

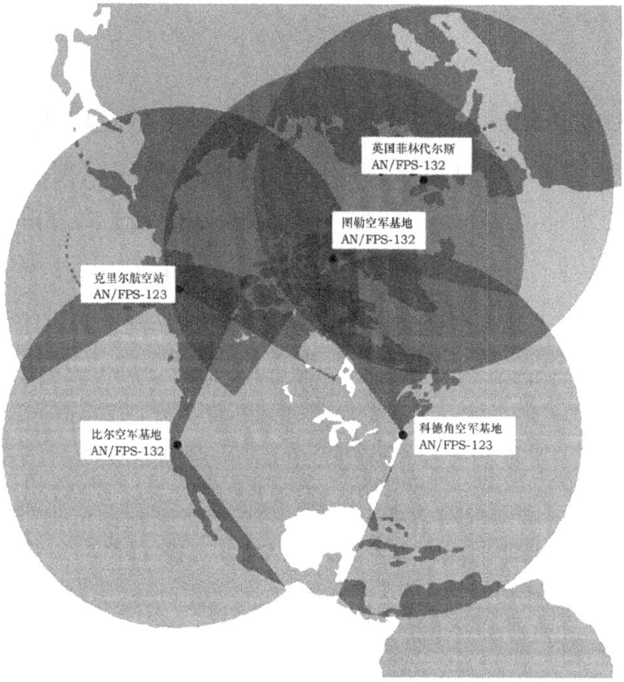

图 4—4　升级相控阵雷达覆盖范围示意图

图片来源：http：//en. academic. ru/pictures/enwiki/80/PAVE_ PAWS&BMEWS. png.

---

① 吴永亮：“美俄弹道导弹预警系统中的陆基战略预警雷达”，《飞航导弹》2010 年第 2 期，第 47 页。

② 同上。

（三）“环形搜索雷达”升级为“加强型环形搜索雷达攻击目标特征判定系统”

“环形搜索雷达”（PAR）的改进工作于1989年完成，新系统名为“加强型环形搜索雷达攻击目标特征判定系统”（Enhanced Perimeter Acquisition Radar Attack Characterization System，EPARCS），编号为AN/FPQ－16。“该雷达平时执行空间跟踪任务，当发现目标后，自动转为执行监视和攻击判定任务，可以在2000个空间目标的运行数据中判明导弹、卫星或空间‘杂物’，计算出导弹弹着点，可在3200千米处识别一个足球大的目标，是世界上最大的相控阵雷达。”①2012年2月美国空军开始对“加强型环形搜索雷达攻击目标特征判定系统”进行现代化改造。

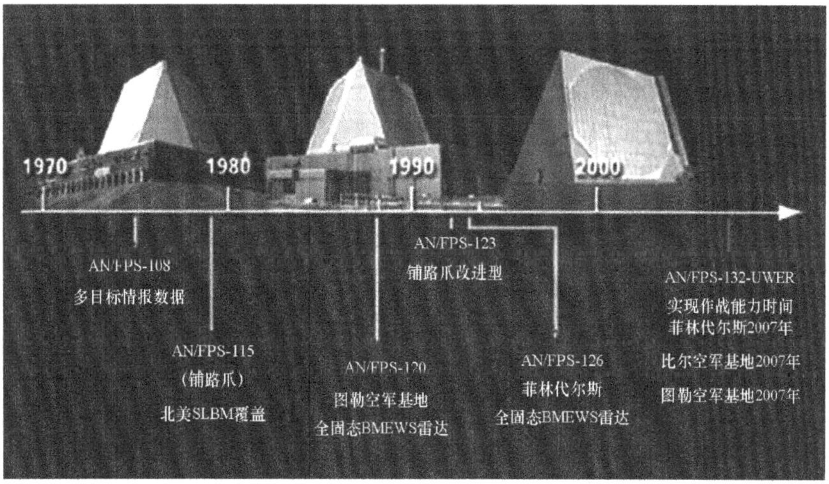

图4—5 美国主要陆基战略预警相控阵雷达演变过程示意图

图片来源：http：//www. engineerdir. com/product/catalog/16349/index1. html.

① 朱和平、沈齐：《现代预警探测与监视系统》，北京：电子工业出版社，2008年，第85页。

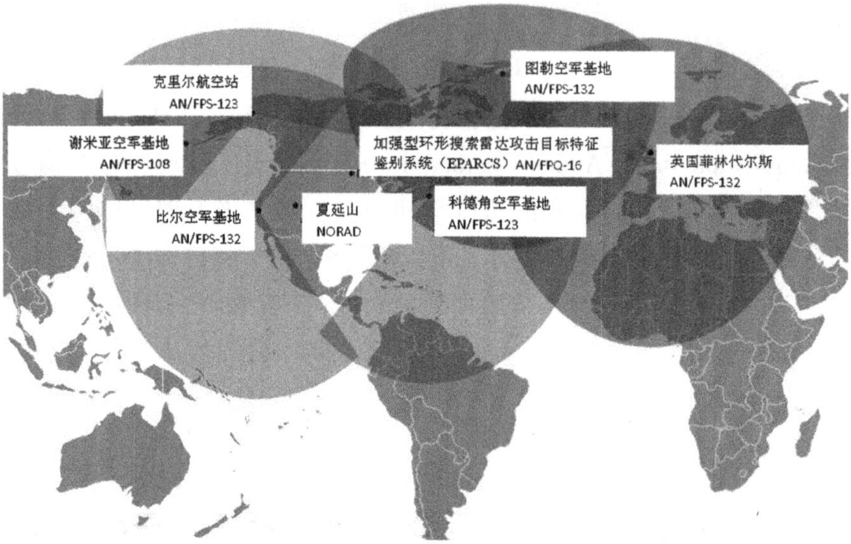

图 4—6　美国主要陆基预警雷达覆盖范围示意图

图片来源：http：//upload. wikimedia. org/wikipedia/commons/b/bd/NuclearWarningSystemMap. png.

三、部署海基弹道导弹预警系统

（一）更新导弹测量船

目前美国现役的有 3 艘导弹测量船（Missile Range Instrumentation Ship），搭载双波段雷达探测与跟踪导弹发射。美国的导弹测量船有三个主要用途：一是服务本国导弹或火箭发射观测需要，火箭或者导弹试验大都是选择向海洋发射，安装有雷达天线和电子设备的测量船可以作为岸基跟踪站的补充，以增加测控范围；二是出于监视敏感国家的火箭或者导弹发射的需要，在其发射火箭或者导弹期间，派遣测量船到其沿海附近抵近收集情报；三是可作为美国导弹防御系统的前置雷达。

美国“观察岛”（Observation Island）号导弹测量船常年活动于亚太地区，它所搭载的“朱迪眼镜蛇”（Cobra Judy）系统与陆基“丹麦眼镜蛇”相似，只不过因为要载于舰上，体积要小得多。受地球曲率的影响，“丹麦眼镜蛇”无法看到苏联导弹再入飞行器接近地球的最后一段。“朱迪眼镜蛇”的部署就是为了解决这部分飞行轨迹的监测问题。“朱迪眼镜蛇”系统1981年投入使用，安装于经改装的美国海军（USNS）导弹测量船T－AGM－23“观察岛”号上，船长172米。最初只有1部S波段无源相控阵雷达，1985年又加上了1部X波段碟形天线雷达，以提升整个系统的目标识别能力。S波段相控阵雷达负责在导弹加速时跟踪导弹，X波段雷达根据相控阵雷达提供的信息对目标进行聚焦探测，收集数据。

在2003年3月的“自由伊拉克”行动中，该系统用于探测伊拉克“阿巴比尔－100”（Ababil－100）和“萨默德”（Al Samoud）导弹的发射。[①] 它也被导弹防御局用于太平洋的反导试验。

由于“观察岛”号服役已经近60年，“朱迪眼镜蛇”系统也运行超过30年，2002年美国提出“朱迪眼镜蛇更换”（Cobra Judy Replacement，CJR）项目，计划研发一套新的雷达系统并采购一艘新舰以替代“朱迪眼镜蛇”雷达系统和“观察岛”号。

美国海军在2003年12月与雷神公司就CJR雷达任务设备项目签订了10.4亿美元的意向性协议。新系统仍然采用S波段和X波段的双波段雷达。经过10年研发，2011年夏，雷神公司在新观察船T-AGM－25 USNS“洛伦岑”（Howard O. Lorenzen）[②] 号上完成了CJR项目的X与S波段天线的舰上安装工作，新雷达被命名为“眼镜蛇王”（Cobra King）。2012年1月，美国海军接收了“洛伦岑”号。[③]“洛伦

---

① Jeffrey T. Richelson, *The US Intelligence Community* (6th *ed.*), Boulder: Westview Press, 2012. p. 258.

② 霍华德·O. 洛伦岑（Howard O. Lorenzen）是美国二战时期的电子战专家，1960年成立的美国国家侦察办公室首位主任。

③ 吴永亮：“美国海军舰载双波段系列雷达的发展”，《国防科技》2012年第4期，第17页。

岑”号全长163米，宽27米，航速20节。在2013年4月的测试中，“眼镜蛇王”雷达系统成功捕获并跟踪到从卡纳维拉尔解发射的一枚“宇宙神－5”（Atlas V）火箭的两级，并搜集了相关数据。2014年，搭载“朱迪眼镜蛇”的“观察岛”号导弹测量船正式退役。

另一艘目前在服役的美国导弹测量船是T-AGM－24 USNS“无畏”（Invincible）号，搭载“双子星座眼镜蛇”（Cobra Gemini）雷达，该雷达是X和S双波段雷达系统，但只有一个抛物面天线，主要任务是满足美国防情报局对弹道导弹数据搜集的测量与特征情报需求。它们都可作为美国导弹防御系统的前置雷达，分工上，“观察岛”号主要负责跟踪亚太地区的洲际弹道导弹，“无畏”号则长年部署在印度洋和阿拉伯海附近。2014年，该船曾驶入波斯湾监测伊朗的导弹试验。

（二）部署海基X波段雷达

美国于2002年开始研制海基X波段雷达（sea-based X band radar，SBX）。海基X波段雷达安装在一个挪威设计、俄罗斯制造的双船体半潜石油钻井平台上。平台的改造在得克萨斯州布朗斯维尔（Brownsville，Texas）完成，雷达的制造和安装则是在得克萨斯州英格塞德（Ingleside，Texas）奇威造船厂完成。2005年4月雷达与浮动平台在得克萨斯州综合集成为一体，2006年3月投入使用。平台长118米，宽73米，从龙骨至雷达罩顶端高85米。整个雷达系统耗资9亿美元。成员编制为75名。阿拉斯加艾达克岛（Adak Island）的艾达克港是海基X波段雷达的母港，它也可以漫游在太平洋以抵近侦测弹道导弹的入侵。该雷达的探测距离超过2000千米。值得一提的是，SBX的排水量达到50000吨，接近一艘中型航母。

海基X波段雷达是从“宙斯盾”战斗系统所使用的雷达变化而来，但与“宙斯盾”系统使用S波段雷达不同，为了有效应对短程与较小型的弹道导弹，海基X波段雷达系统使用了高分辨率的X波段雷达。

作为导弹防御局“陆基中段防御系统”（GMDS）的重要组成部

分，海基X波段雷达可以有效弥补陆基固定式雷达观测范围受地球曲率限制的不足，应需求随时移动到需要加强导弹防御的地区。

第四节　美国空间威慑思想的提出及空间监视系统的重要意义

冷战结束后，在科索沃、阿富汗与伊拉克这几场高技术局部战争中，美国的太空军事力量在指挥、控制、侦察、通信等领域发挥了重要作用，为美军的胜利提供了重要技术支持。“但是，这却造成美国严重依赖太空资产的现实。目前，美国对太空资产的依赖程度远远超过其他所有国家，而太空资产与生俱来的一个特点就是对攻击具有脆弱性，即太空资产的自身防御存在很大弱点。因此，如何保护太空资产，是美国军界、学术界、工业界等严重关切的问题。它们试图把冷战时期的核威慑概念运用到太空领域，形成太空威慑理论，用来指导国家如何慑止潜在敌手对美国太空资产进行攻击。”①

一、空间威慑思想的提出及其历史演变

“空间威慑是以空间军事力量为手段的战略威慑。空间威慑是随着空间技术的发展及其在军事领域的广泛应用而产生的，是继核威慑之后出现的又一种威慑形式。”② 具体而言，空间威慑是指以强大的空间力量为后盾，通过威胁使用或实际有限使用空间力量来震慑和遏制对手。其实质是，将使用空间力量的可能性以及使用空间力量可能引起的严重后果预先警告对手，使对手通过利弊得失的权衡，产生畏惧心理，被迫服从威慑者的意志，从而放弃原先的企图。③

---

① 何奇松：“脆弱的高边疆：后冷战时代美国太空威慑的战略困境”，《中国社会科学》2012年第4期，第183—184页。

② 李津军、单玉泉：“空间威慑战略刍议”，《中国军事科学》2002年第1期，第18页。

③ 常显奇等：《军事航天学（第2版）》，北京：国防工业出版社，2005年，第299页。

1996年克林顿政府颁布《国家太空政策》（*National Space Policy*），首次在政府文件中正式提出太空威慑概念——“国家太空安全活动应该通过威慑、警告，以及必要时抵御敌人攻击来为国家安全做出贡献”。[①] 随后在1999年美国国防部发布的《太空政策》（*Space Policy*）中也阐释了类似概念“（美国的）太空能力应该……威慑、警告以及必要时抵御敌人的进攻……以确保敌人无法阻止美国使用太空”。[②]

2006年8月，考虑到针对美国空间系统的威胁，布什总统签署指令，宣布美国将“采取必要措施保护其空间能力……必要时，拒止敌方使用空间能力损害美国国家利益”。

2010年6月，奥巴马总统签署了《美国国家航天政策》指令，宣布“美国将采取多种措施，确保所有负责任的各方能够使用太空，并根据固有的自卫权利，慑止他方的干涉和攻击、保卫美国的空间系统、协助盟国保卫其空间系统，并在威慑失利的情况下，采取挫败手段实施攻击”。同时还宣布，美国将会“发展、维护和利用来自商用、民用和国家安全部门的空间态势感知信息，以探测、鉴别和确定与负责任地、长期可持续使用空间环境相违背的空间活动”。

其实，早在克林顿政府正式提出“太空威慑”这一思想前，美国在冷战期间的许多战略筹划背后已经蕴含着空间威慑思想，只不过那时的空间威慑还从属和服务于美国的核威慑，没有能够独立地发挥作用。从冷战中后期到当前，美国空间威慑实践可以分为三个时期。[③]

美国空间威慑的第一个时期最早可以追溯到冷战中后期，即前文第三章所述的导弹预警卫星时代，这时期的空间威慑是“是以威

---

① The White House Science and Technology Council, *Fact Sheet*: *National Space Policy*, Sep. 19, 1996, p. 3, http: //history. nasa. gov/appf2. pdf (2015/01/27).

② Department of Defense Directive, No. 3100. 10, *Space Policy*, July 9, 1999, pp. 7, 12, http: //www. dtic. mil/whs/directives/corres/pdf/310010p. pdf (2015/01/27).

③ 关于空间威慑三个时期的划分，参见何奇松：“脆弱的高边疆：后冷战时代美国太空威慑的战略困境”，《中国社会科学》2012年第4期。

慑手段来命名的，即借助太空资产与能力，强化核威慑，是核威慑的重要组成部分”。[①] 这时期美国相继推出“高边疆”理论与战略防御计划，意在利用美国的空间技术优势，发展空间装备，在空间建立起防御苏联核导弹的防线，实现对苏联战略武器打击的“拒止威慑”，从而强化美国的核威慑。这个时期的空间威慑，只是以空间武器保护己方战略武器、抵御对方战略武器打击来进行威慑，还不能算是真正意义上的空间威慑，根本目的还在于核，还是服从和服务于核目的，是核威慑的一种手段的延伸。

冷战结束初期的空间威慑，“仍然是以威慑手段来命名，借助太空实力威慑各种威胁，保护美国利益”。[②] 这个时期国际形势风云变幻，冷战结束，美国长期以来最大的现实战略威胁苏联消失了。然而，拥有大规模杀伤性武器的恐怖组织及所谓“无赖国家”开始对美国构成安全威胁，“9·11”事件即是明证。恐怖组织由于其宗教信仰及其敌明我暗的特点，往往既不惧怕美国的核报复，也不相信美国能对其实施有效的核打击，核威慑对其不起作用。这一时期的太空威慑重在以美国密布于空间的各种高级传感器密切监视这些组织和国家，让其知道其一举一动皆在美国的监视之下，从而丧失成功的信心或担心遭到美国的报复性打击，放弃对美国可能发动的冒险行为。这个时期的空间威慑已经脱离核而独立对美国的国家安全产生影响。

21 世纪以来的空间威慑，“则以被保护的对象即太空（资产）来命名，利用太空实力、核力量与常规力量来保护美国太空资产与能力”。[③] 这一时期美国关注的焦点在其太空资产，这些太空资产对于维系美国强大的军事实力与经济繁荣至关重要，但其本身又是极端脆弱、易受攻击的。这一时期的太空威慑，重在以美国强大的军

---

① 何奇松：“脆弱的高边疆：后冷战时代美国太空威慑的战略困境”，《中国社会科学》2012 年第 4 期，第 186 页。

② 同上。

③ 同上。

事实力慑止其他国家或组织对其太空资产可能发动的攻击。

如前文所分析，核时代核威慑的实现离不开对对手弹道导弹发射提供预警情报的弹道导弹预警侦察系统，太空时代空间威慑的实现也有赖于空间目标监视系统的所提供的空间态势感知能力。

二、空间态势感知及其重要意义

要实现有效的空间威慑，就必须要提高空间态势感知能力。对美国而言，“当前最为关注的问题是太空态势感知的不足。虽然惩罚挑衅者和降低对方的攻击收益有很多选择，但是这都需要依靠太空态势感知。薄弱的太空态势感知能力削弱了实施惩罚的可信度，因为攻击者有很大可能进行隐蔽攻击。所有主动防御都要求更好的太空态势感知能力，而且很多被动防御也都需要依赖太空态势感知能力来提高。提高太空态势感知能力是美国建立有效太空威慑体制的首要工作”。[①]

在美军联合出版物 JP3－14《空间作战》条令中，空间任务被分为4项：空间力量增强（Space Foce Enhancement）、空间支持（Space Support）、空间控制（Space Control）和空间力量应用（Space Force Application）。空间控制为友军提供空间行动自由，并且按指令剥夺对手的行动自由。空间控制包括：进攻性空间控制（Offensive Space Control，OSC）、防御性空间控制（Defensive Space Control，DSC）和空间态势感知（Space Situational Awareness，SSA）。[②]其中，空间态势感知是实现其他空间控制任务的关键环节。

空间态势感知，是指“通过情报收集、目标监视、环境监测等手段获取空间目标基本情况的活动。目的是分析、评估空间系统所面临的威胁，了解空间环境的现状和变化趋势，为空间攻防提供全

① ［美］福里斯特·E. 摩根著，白堃等译：《太空威慑和先发制人》，北京：航空工业出版社，2012年，第x页。

② 参见U. S. Joint Chiefs of Staff，Joint Publication 3－14，*Space Operations*，Washington，D. C.：GPO，06 January 2009。

方位的信息支持”。①

空间态势感知包括：连续的轨道目标感知；实时搜寻和高保真信息；威胁探测、识别与定位；基于地缘政治的关于外国空间能力和意图的预测情报搜集与分析；对全球合作空间目标的报告能力。按照美国国防部的定义，空间威势感知可以分为以下 4 项主要功能与能力：②

1. 探测、跟踪与识别——空间目标的发现、跟踪与区分的能力；

2. 威胁预警与评估——预测与区分潜在或现实攻击、空间天气环境的能力；

3. 情报描述——确定当前和未来外国空间系统与空间对抗系统表现与特点，以及外国对手意图的能力；

4. 数据整合——关联与整合多源数据为统一的通用态势图（COP），以及动态决策的能力。

空间态势感知支持以下关键目标：③

一是可以确保空间作战和空间飞行安全。空间态势感知可以帮助空间行动计划者更好地理解空间环境，以确保空间作战行动和空间飞行的安全成功。

二是可以监督国际条约与协议履行。空间态势感知可以从空间监视各方履行国际条约情况，如果有违约，也会被及时发现。

三是可以保护空间能力。美国能够监视所有空间活动，有助于慑止其他人发动针对空间和地面目标的打击，同时也使盟国相信美国在平时、危机时和冲突时能够持续不断地提供支援。

四是可以保护军事行动和国家利益。空间态势感知可以支持和

① 王兆耀：《中国军事百科全书（第二版）·军事航天技术（学科分册）》，北京：中国大百科全书出版社，2008 年，第 405 页。

② GAO, Repot to the Subcommittee on Strategic Forces, Committee on Armed Services, House of Representatives, *Space Acquistions: Development and Oversight Challenges in Delivering Improved Space Situational Awareness Capabilities*, May 2011. p. 6. http://www.gao.gov/assets/320/318942.pdf.

③ U. S. Joint Chiefs of Staff, Joint Publication 3 – 14, *Space Operations*, Washington, D. C.: GPO, 06 January 2009. pp. II – 7.

加强军事行动。

2006 年的美国《空间控制联合能力文件》（*Control Joint Capabilities Document*）认为，空间态势感知是实现空间行动自由所需的关键能力，认识到美国在空间态势感知能力上存在差距，提出了态势感知相关需求：①

1. 轨道和网络信息——探测、跟踪、识别和编目人造空间物体，并提供过顶飞行预警、信号/激光冲突排解、连接评估等服务；

2. 环境信息——监视、特征描述、预测和报告空间环境；

3. 事件信息——探测、处理和报告空间事件，如发射、轨道机动、卫星解体、空间目标再入、轨道衰减、空间物体分离、对接，以及特征描述、评估和解决所有空间系统的非正常状态或遭受攻击；

4. 美国、盟国和合作的空间系统信息——对美国、盟国和合作空间力量和资产维持状态和特征描述；

5. 空间情报信息——提供外国和对手的空间相关资产、战略、战术、意图、活动和知识等相关信息。

美国国防部一直在大力加强对空间态势感知采购与维持运行上的投资，计划从 2006 年到 2015 年间投资 53 亿在空间态势感知项目上，2006 年到 2010 年已经投资了 20 亿，计划从 2011 年到 2015 年再投资 33 亿，这意味着比前 5 年增加 65% 的投资。在未来 5 年，国防部希望花费 66% 的投资在新传感器来探测、跟踪和描述新兴空间威胁；另外 21% 的投资在新的指挥控制系统来整合数据为空间态势感知和空间力量指挥与控制提供实时信息；余下的继续延长已有传感器寿命来防止现有能力的退化。②

---

① GAO, Repot to the Subcommittee on Strategic Forces, Committee on Armed Services, House of Representatives, *Space Acquistions: Development and Oversight Challenges in Delivering Improved Space Situational Awareness Capabilities*, May 2011. pp. 4 – 5. http: //www. gao. gov/assets/320/318942. pdf.

② Ibid. , p. 10.

三、美国建设现代空间监视系统的重要意义

预警及防御是空间监视系统最根本的功能。空间监视系统的最主要任务，就是监视太空中的各种非合作目标，提供它们的轨道参数等特征信息，从而判断其对本国或盟国的航天器是否具有威胁。空间监视系统对于保护己方空间战略装备安全具有重要意义。

此外，从进攻角度看，空间目标监视系统也有重要意义，它所搜集和编目的空间目标信息，可以直接为反卫星武器提供打击参数，可以对打击过程进行全程跟踪，还可以对打击效果进行鉴定评估。美国定期在国防部和空军网站上公布自己所监测到的全球各国空间目标信息，就是要让潜在对手明白他们的重要空间目标都在美国监视之下，他们不可能保持空间军事行动的秘密，从而使其知难而退。

如果从更深远的战略意义上看，太空必将成为人类继陆、海、空之后下一个争夺的领域，未来战争的战场也完全有可能从地球走向太空。制信息权仍然是夺取战争胜利的决定性因素。正如作战空间态势感知对于夺取地球表面进行的战争至关重要，空间态势感知能力也直接决定了未来太空作战胜利的归属。从这个意义上看，空间目标监视系统既是当前空间态势感知的利器，也是未来空间制信息权争夺的基础。

随着美国空间目标监视技术的发展和天基空间目标监视体系的建立，美国空间态势感知的能力将大大加强，从而为其实现空间威胁战略，以及未来太空控制打下坚实基础。

小　结

冷战结束以后，美国所面临的来自核大国的核突袭的战略威胁大大减小，但其包括卫星在内的空间战略目标所面对的来自“流氓国家”和恐怖组织的威胁却风险不减。

为了应对这种威胁变化，美国积极建设空间监视体系，在冷战

期间部署的以雷达和光电望远镜为主的陆基“空间监视网络”的基础上，大力发展“天基空间监视系统”，增强空间态势感知能力，保护其空间战略资产的安全。在导弹预警体系发展方面，天基系统方面以更加先进的“天基红外系统”取代“国防支援计划”，同时升级其陆基相控阵雷达，不断提升其导弹预警能力。

天基预警监视系统的大发展是美国这一时期战略预警体系建设的突出特点。凭借庞大的天基预警监视系统，美国既可以监视空间非合作目标，慑止潜在对手对美国空间战略资产可能产生的损害；同时又可以监视地面上对美国怀有敌意的国家和组织，慑止其以不宣而战的方式发动对美国重要战略目标的突然袭击，从而继核威慑之后继续形成空间威慑，在21世纪继续守卫美国的国家安全。

第五章　对美国战略预警体系发展的评价

一代又一代的人们总是遇到重复出现的老问题，而回应的办法也或多或少都是以前习惯的做法。

——沃尔特·李普曼①

经过战后近70年的发展，美国战略预警体系已由最初单纯的防空雷达预警线发展到当前覆盖陆、海、空、天的多维立体预警探测体系，不仅是其防御体系的基石，也是其威慑力量的重要组成部分，同时还为美军战场作战提供重要信息支援。对美国战略预警体系发展脉络进行归纳，总结其经验与教训，将有助于我们认识战略预警建设客观规律，更好地建设中国的战略预警体系。

第一节　美国战略预警体系发展的基本规律

在对美国战略预警体系发展进行考察后，可以看出，战略威胁的演变在不断推动美国战略预警体系的发展，军事科技的进步为美国战略预警体系发展提供了技术支撑，而战略优势始终是美国战略预警体系建设的根本目的。

---

① 转引自［美］迈克尔·H. 亨特著，褚律元译：《意识形态与美国外交政策》，北京：世界知识出版社，1999年，第1页。

一、战略威胁的演变是推动美国战略预警体系发展的根本动力

在战后初期，只有远程战略轰炸机能够携带核武器进行战略打击，因此，当时美国主要考虑的是战略防空问题。在苏联战略轰炸机技术不断取得突破，但航程仍然有限的情况下，美国判断苏联最有可能的来袭路线是美苏之间的最短航线——北极航线。美国与同样面临苏联战略威胁的加拿大政府合作，先后在美加边境沿北纬50度线、加拿大中部沿北纬55度线、加拿大北部沿北纬70度线附近建设了“松树线”“中加拿大线”和“远程预警线”，以加强对苏联战略轰炸机的预警。

20世纪50年代末，弹道导弹出现，对战略预警体系提出新的挑战。传统的防空预警体系所面对的飞机，飞行速度一般在3马赫以内；而弹道导弹的飞行速度一般都超过7马赫，甚至最高能达到20马赫，超出了防空雷达的跟踪能力，旧的防空雷达预警线显然无能为力。因此美国开始建设“弹道导弹早期预警系统”，又称“北方预警系统”。在格陵兰岛的图勒、阿拉斯加州的克里尔和英国菲林代尔斯先后设站，部署了AN/FPS-50搜索雷达和AN/FPS-49跟踪雷达。美国判定苏联弹道导弹航程有限，进攻方向只可能来自北极方向，因此防御方向仍然向北。1962年古巴导弹危机爆发，美国意识到来自南方的危险，开始营建面向东南部海域的南方预警系统。

1961年苏联第一种潜地弹道导弹SS-N-4开始服役，但发射时还需浮出水面，1964年苏联第一种水下发射的潜地导弹SS-N-5正式列装。美国面临潜射弹道导弹的威胁，开始建设“潜射弹道导弹预警系统”。由于潜艇可以抵近发射弹道导弹，“潜射弹道导弹预警系统”必须覆盖太平洋、大西洋和墨西哥湾的潜艇发射阵位，探测从东、西、南3个方向袭击美国的潜射弹道导弹，以弥补目前“弹道导弹早期预警系统”的雷达覆盖盲区。潜射弹道导弹预警系统

的主力雷达是 AN/FPS－115“铺路爪”相控阵雷达系统，部署后可提供对太平洋和大西洋双重覆盖，为潜射弹道导弹提供至少 6 分钟的预警时间。

冷战期间，为了与苏联争夺霸权，美国在太空部署了大量侦察卫星、预警卫星、导航卫星与通信卫星，这些太空武器装备大大加强了美国的军事能力。冷战结束后，美国认为其面临的核威胁减少了，但其空间资产面临的威胁反而在上升，为了保护其空间武器系统，提升空间态势感知能力，从而实现其空间威慑战略，美国开始加强空间监视，部署“天基空间监视系统”。

由此可以看出，美国所面临的战略威胁变化，是美国战略预警体系发展的根本动力，数十年来一直在推动着其战略预警体系的不断发展和完善。

二、军事科技的进步为美国战略预警体系发展提供了技术支撑

“综观情报侦察技术的发展历史，可以发现，战后至今的 60 多年，是人类历史上科学技术发展最为迅速、成果最多的时期，同时也是情报侦察技术发展最快、突破最多的时期，在情报侦察技术发展史上具有划时代的意义。”① 情报侦察监视技术为代表的军事科技的飞速发展，为战后美国战略预警体系的发展提供了可能与支持。

以战略预警体系中广泛使用的雷达为例，“20 世纪 40 年代后期出现了动目标显示技术，诞生了动目标显示雷达，这有利于从地杂波和云雨等杂波背景中发现目标。50 年代，雷达技术已经较广泛地采用了动目标显示、单脉冲测角和跟踪以及脉冲压缩技术，并研制出高分辨力的合成孔径雷达技术。60 年代出现了相控阵雷达、超视

① 孙建民：《战后情报侦察技术发展史研究》，北京：军事科学出版社，2008 年，第 12 页。

距雷达和三坐标雷达。70年代固态相控阵雷达和脉冲多普勒雷达问世。"[①] 正是雷达技术的不断进步，催生出20世纪50年代的三条防空雷达预警线、60年代的"北方弹道导弹预警系统"和80年代的大型相控阵雷达系统。

三、谋求绝对战略优势始终是美国战略预警体系建设的根本目的

正如核武器的意义不在于使用而在于威慑，战略预警体系在预警的实战功能外，也有重要的战略意义，这就是"先为不可胜，以待敌之可胜"，营造出"不可胜在己，可胜在敌"[②] 的战略态势。在战略对抗中，"知彼"格外重要，"知彼"就有了防御的机会，就有了反击的可能。

核武器的使用，理论上，最有效的是先发制人，特别是以对方核力量为目标的先发制人打击，不论成功率多少，总可以剥夺对方一部分核反击权。因此，核对抗中，"先下手为强"的确是至理名言。也因此，在核对抗中，双方本来都有先发制人的冲动。但是战略预警体系的建立，使得先发制人失去了意义。因为如果甲方的进攻始终处于乙方的监视下，乙方就会在发现甲方发射导弹后，利用预警得到的宝贵时间在其导弹落地前按照前述"接警即发射"的思想，把己方的核武器全部射向甲方，甲方就会遭受到来自乙方的等同于先发制人的打击。这样一来，理论上拥有战略预警体系的一方在客观上始终保留了对对方的核反击能力，因此在实际效果上等同于永远不会遭到对方的先发制人的打击。这样就可以慑止对方战略上先发制人的冲动。两个核大国，如果一方有战略预警体系而一方没有，就毫无战略平衡可言，因为有战略预警体系的一方始终可以避免对方先发制人的打击而保留对对方先发制人打击的权利。因此，

① 郭世贞、裴美成：《军事装备史》，北京：解放军出版社，2007年，第1006页。

② 孙武：《孙子兵法·形篇》。

核时代的大国要实现真正的战略平衡和相互威慑，不但要有进攻性战略核武器，还必须有战略预警体系。

在空间领域，美国仍然想依靠空间监视系统的建立，取得空间态势感知的优势，建立起外层空间的非对称优势，继续保持其战略优势。兰德公司的研究报告《太空威慑和先发制人》明确提出：

> 虽然惩罚太空挑衅者和降低他们攻击获益的方法有很多，但是都有赖于太空态势感知的提高。不良的太空态势感知在某些情形下削弱了惩罚性威慑的可信度，因为攻击者会有很大机会来匿名发动攻击。相反，良好的太空态势感知能力本身就有威慑效果，因为任何攻击者都清楚，攻击来源会很快被检测出来并让全世界知悉，届时将会面临惹恼美国和国际社会的长期代价。所有的主动防御都要求比现在更加出色的太空态势感知能力，感知能力的提高也可以促进被动防御能力效率的提高。缺乏有效的太空态势感知能力会妨碍美国针对挑衅者进行报复，也会在危机期间因为卫星自行失效的情况下做出错误的报复决定。……提高太空态势感知能力是美国的一项首要任务，是在发展有效的太空威慑体制所需能力时必不可少的部分。①

在美国人看来，只有拥有强大的空间监视系统，才能确保美国空间态势感知能力，才能使美国在外层空间继续维持其冷战以来的战略优势，从而在未来军事斗争中占得战略制高点。

可见，无论是在核领域还是太空领域，美国大力建设和发展战略预警体系都有助于保持和维系其战略优势。

---

① ［美］福里斯特·E. 摩根著，白堃等译：《太空威慑和先发制人》，北京：航空工业出版社，2012 年，第 37 页。

第二节　美国现代战略预警体系的特点与未来发展趋势

经过70年发展，当前的美国战略预警体系具有功能强大，大纵深立体化布势，多种手段、平台相互融合衔接，广泛开展跨国跨机构合作的特点。

一、美国现代战略预警体系的特点

（一）功能强大

美国战略预警体系运用先进的雷达、红外探测、光电观测、无线电侦测等技术手段，装备性能强大，具有远、准、灵的特点，可实现远距探测、早期发现、持续追踪、准确识别，以有效实施针对空天威胁目标的早期预警。

1. 探测距离远

美国海基X波段雷达对弹道导弹的探测距离可达2000千米；AN/FPS－118天波超视距雷达对轰炸机和巡航导弹的探测距离最远可达3700千米；"铺路爪"陆基相控阵预警雷达AN/FPS－115的改进型AN/FPS－120、AN/FPS－123、AN/FPS－126均达到5500千米。

2. 定位精度高

美国"国防支援计划"导弹预警卫星的地面分辨力可以达到1千米，[①] 美国"天基监视系统"卫星对于近地轨道的空间目标的定轨误差为10米，对于高轨道的空间目标定轨误差约500米。

3. 预警时间长

美国的防空预警系统可对亚音速威胁目标提供约3.3小时的预警时间，对超音速威胁目标提供1—1.5小时的预警时间；导弹预警

---

① 刘兴等：《一体化空天防御系统》，北京：国防工业出版社，2011年，第42页。

卫星可对陆基洲际弹道导弹提供25—30分钟的预警时间，对潜射弹道导弹提供10—15分钟的预警时间。

（二）大纵深立体化布势

美国战略预警体系以美国本土安全为首要重点，同时强化在欧洲和亚太等地区的前沿部署。

预警机在美国本土东西海岸每天24小时不间断空中巡逻，形成空中预警线。陆基雷达除部署在美本土和加拿大境内，严密监视北美大陆及其周边空域外，还广泛部署于北美大陆北极圈附近、欧洲、太平洋和印度洋岛屿等地区，构建起全球布势的预警网络；海基和陆基X波段雷达部署灵活机动，可随时根据需要，前移至目标区域，抵近开展侦察探测；导弹预警卫星的轨道高低搭配，多星组网工作，实现对弹道导弹发射区域的全球覆盖和发射过程的全程跟踪。

美军综合运用陆、海、空、天多维平台，雷达探测、红外探测、光电观测、无线电侦测等多种手段，形成严密的全球战略预警部署态势，以前推预警屏障，拓展探测距离，延长预警时间。

（三）多种手段、平台相互融合衔接

1. 远程轰炸机和巡航导弹预警

美国战略预警体系中的防空雷达和预警机相互配合，形成严密的远近搭配的防空预警网络。天波超视距雷达系统由于受极光干扰影响，其短波信号不能穿越北极，探测缺口由“北方预警系统”来弥补。“北方预警系统”主要依托AN/FPS－117三坐标雷达对空警戒，同时又使用AN/FPS－124两坐标雷达进行低空探测，弥补前者的探测盲区。

2. 导弹预警

美国战略预警体系中的“天基红外—高轨”导弹预警卫星负责在导弹发射及助推段进行探测和跟踪，将捕获的信号实时传送给地面站；地面站将相关预警信息立即上报美军战区和联合作战指挥中心（JOC）的导弹预警中心，同时传送给附近的“宙斯盾”舰、陆基X波段雷达，并通过星地上行链路将相关数据发送给“空间跟踪

与监视系统”（即“天基红外—低轨”导弹预警卫星），由其继续对导弹飞行中段及末段进行跟踪监视。导弹预警中心负责对相关数据进行融合处理，识别目标，预测弹着点及评估测算攻击效果。一旦下达拦截命令，各类预警雷达同时跟踪来袭威胁目标和己方发射的拦截弹，不断引导修正拦截弹的飞行轨道，并评估最终拦截杀伤效果。

3. 空间监视

美国战略预警体系中的陆基相控阵雷达可以全天候、全天时不间断工作，覆盖范围大，探测距离远，跟踪目标多，具有其他手段不可比拟的优势；光电望远镜可监视地球同步轨道目标，测量精度高，在深空探测方面作用突出；“太空篱笆”可自动探测发现新目标，能快速识别空间碎片。此外，“弹道导弹预警系统”雷达、“丹麦眼镜蛇”雷达也根据需要参与空间目标探测与监视，以弥补美国专用空间监视装备的不足。

美军战略预警体系配套部署，专用与兼用设备、固定与机动平台、前沿与后方部署相互配合，打造出一体化无缝隙的战略预警网络。

（四）广泛开展跨国跨机构合作

一是加强国际合作。在北美本土防御中，美国与加拿大紧密联合，合作建设北方预警系统，该系统超过80%的雷达部署于加拿大境内；在欧洲，美国致力于推行分阶段适应性导弹防御计划；在亚太地区，美国则积极推进与日本、韩国、澳大利亚等国的导弹防御合作，企图进一步加强美国导弹预警体系的前沿部署。

二是加强国内跨机构合作。美军在战略预警系统建设中，充分利用联邦政府、民间研究机构力量，广泛吸收最新科研成果，在提高预警能力的同时又降低了研发成本，如“联合监视系统”是由美空军与美国联邦航空局共同管理的雷达网。

美国的战略预警体系建设过程中借重盟国、联邦政府部门以及民间科研机构的力量，降低了研发及运行成本，同时增加和丰富了预警手段，大大提高了其建设效益。

二、美国战略预警体系的未来发展趋势

（一）重点发展天基预警平台

无论是美国在反导预警领域重点发展的“天基红外”导弹预警卫星系统，还是在空间监视领域重点发展的“天基空间监视系统”，可以看出，天基预警平台是未来美国战略预警体系中发展的重点。天基预警平台由于观测范围广、布站不受政治和地理限制，具有得天独厚的优势。

除了前面所述的“天基红外系统”“天基监视系统”和“轨道深空成像系统”，美国还在积极发展太空雷达（Space Radar），太空雷达也称作天基雷达（Space-Based Radar），2005 年后美军将其定名为太空雷达。著名的“长曲棍球”侦察卫星就是太空雷达的一种，但它不具备动目标指示功能。未来美国的太空雷达除地面动目标指示功能外，还将具有大范围探测，高分辨率、反隐身功能和敌我识别能力。美国导弹和航天系统中心于 2003 年 2 月，分别给雷神公司、诺斯洛普·格鲁曼公司和哈利斯公司各 866 万美元的合同，用于研制演示太空雷达航天器的有效载荷，包括电子扫描天线和机载数据处理设备，从 2002 年到 2006 年美国已为研制太空雷达拨款近 4 亿美元。[①] 预计 2020 年美国的太空雷达将能形成初步作战能力。

（二）积极研制移动预警装备

可移动式预警装备的好处很多，可以根据威胁目标的变化随时抵近探测监视，由于其可移动的特性，有效探测距离大大增加。美国近年来一直在大力发展可移动式预警装备，除前文所述可移动的海基 X 波段雷达，美国还在大力研制和部署移动式陆基 X 波段雷达。2006 年 6 月美国在日本青森县（Aomori）津轻市（Tsugaru）航

① 刘兴等：《一体化空天防御系统》，北京：国防工业出版社，2011 年，第 48 页。

空自卫队车力（Shariki）基地部署了第一部移动式前沿部署 X 波段雷达（Forward-Based X-band Transportable-Radar，FBX-T）AN/TPY－2。2014 年 12 月美国又在日本中部京都府经之岬（Kyogamisaki）部署了第二部 AN/TPY－2。除了亚太地区这两部可移动式 X 波段雷达，美国还在以色列西南的科仁（Keren）部署了指向东北方伊朗的 AN/TPY－2，此外 2012 年初还在土耳其东南部也部署了一部 AN/TPY－2。

雷神公司生产的 AN/TPY－2，是美国“战区高空区域防御系统”（Terminal High Altitude Area Defense System），简称“萨德”（THAAD）系统的火控雷达，是“萨德”系统的重要组成部分，主要负责目标探测与跟踪、威胁分类和弹道导弹的落点估算，并实时引导拦截弹飞行及拦截后毁伤效果评估。AN/TPY－2 雷达探测距离远、分辨率高，战略战术机动性好，既可以前置部署模式单独部署成为早期弹道导弹预警雷达，也可以末端部署模式和“萨德”系统的发射车、拦截弹、火控和通信单元一同部署，充当导弹防御系统的火控雷达。

该雷达采用波长较短的 X 波段和巨大的雷达阵面，雷达波束非常窄，分辨率非常高，对弹头具有跟踪和识别能力，能识别假弹头，将目标从诱饵或弹体碎片中识别出来。该雷达对 100 平方米雷达反射截面积目标的探测距离最远可达 2300 千米，对 1 平方米雷达反射截面积的目标探测距离可达 1700 千米。高分辨率和超远的探测距离使 AN/TPY－2 雷达成为目前世界上最大、性能最强的陆基移动弹道导弹预警雷达。

（三）打造互连互通的全球预警网络体系

进入 21 世纪，美国提出建设国家战略预警的网络化信息集成系统，[①] 希望通过采用统一的技术标准建设国家战略预警体系，克服战略预警体系条块分割、功能重复的现象，同时充分利用美国各军兵

① 袁俊：“美国国家战略预警系统”，《卫星应用》2004 年第 4 期，第 37 页。

种、美国联邦政府和科研院所以及美国盟国的战略预警体系资源。通过此举，美国意图建立各军兵种、军民之间，以及美国与盟友之间的战略预警系统互连互通，预警信息的畅通无阻，从而打造国家一体化的战略预警网络。

第三节　美国战略预警体系建设过程中的经验与教训

作为当今世界战略预警体系建立最早、规模最大、功能最强的国家，美国战略预警体系在战后建设过程中经历了从无到有、从低级到高级、从简单到复杂、从单一到全面的过程。对美国半个多世纪的建设历程进行考察，总结其中的经验，可以使中国在自己的战略预警体系的建设道路上更快更好地发展。

一、美国战略预警体系建设过程中的经验

（一）稳步推进，科学布局

战略预警体系建设中，传感器布局是关键。虽然战后的美国富甲全球，但美国的战略预警体系也并不是从一开始就进行四面布局，进行全面防御，也经过了从重点防御逐步发展到全面防御的过程。实践证明，这是一条既快捷义经济的建设思路。在战后初期，苏联的远程轰炸机的航程有限，美国采取重点防御的方法，只在可能的苏联来袭的北极航线上建设北向的防空雷达预警线；即便是在苏联发射人造卫星，证明了其具备发射洲际弹道导弹能力后，美国基于对苏联导弹有限射程的判断，仍然只大力建设北向的“弹道导弹预警线”。直到20世纪70年代苏联的潜射导弹技术成熟后，美国的东西海岸真正面临威胁时，美国才开始考虑其东西海岸的战略预警体系建设问题，而此时相控阵雷达技术也已经相对成熟，美国在其东西海岸部署大型相控阵雷达为主体的战略预警体系，对苏联潜射洲

际弹道导弹进行预警侦察。可以想见，如果在苏联洲际导弹问世之初就在东西海岸部署当时的远程搜索雷达，既无实战意义，又浪费了宝贵资金。所以，在战略预警体系的建设过程中，立足实际威胁，采取重点建设、稳步推进的方法科学进行布局，不盲目求大求全，是一条快捷、经济的建设思路。

（二）多种手段互为依托，相互补充

美国的战略预警体系依靠多种传感器和侦察平台，这些手段各有优长，也都有不足，只有相互补充，才能弥补各自的不足，使战略预警体系发挥出最大效益。

一是有的手段能力有限，必须用其他手段补充。比如，超视距雷达在20世纪70年代是十分先进的雷达体制，美国曾经想按照重点防御的思路也部署一个北向的超视距雷达系统，但是由于强极光的干扰，超视距雷达的短波无法穿越北极。美国空军曾进行过多次试验，都无法解决极光干扰问题。最后只能改变思路，对超视距雷达采取“V”型布局，正北方向由已经建成的“远程预警线”和“弹道导弹早期预警系统”来应对。

又如，陆基雷达的性能再好，也无法突破地球曲率的限制。在苏联研制出轨道打击武器和潜射洲际弹道导弹后，陆基雷达的作用局限日益突出。而利用卫星平台搭载红外传感器却可以在发射段即捕获目标，有效地弥补了陆基手段的缺陷。然而，天基平台也非百分百可靠和准确，也会因太阳异常活动和云层反射发生误报，需要陆基系统加以印证。多种预警手段相结合，不仅能延长预警时间，而且能进行交叉验证，提高预警信息的可靠性。

二是有的系统本身就具有多种功能，不同系统可以相互补充。比如，“空间目标监视系统与弹道导弹预警紧密联系。一方面，利用空间目标监视网所获取的在轨卫星运行数据能够消除太空中的海量‘空间目标背景’，对于及时检测、判定弹道导弹起着极为重要的作用；另一方面，陆基弹道导弹预警雷达很大程度上能够支撑空间监

视任务。美国绝大多数弹道导弹预警装备都肩负着空间目标监视任务”。[①] 美国的不少侦察监视装备都是既可执行导弹预警又可执行空间监视的两用型系统，既节约了经费，也符合对空天目标综合判断的要求，有效促进了战略预警工作的内在融合，提高了预警效率，同时避免了目标误判、漏判。

（三）广泛开展军民合作

美国在战略预警体系建设过程中，十分注意军民兼容与协作。战略预警体系中的防空预警系统、空间监视系统与民用航路监视、航天测控领域技术极为相似。军民协作，既可以节约经费，也可以相互促进、互相弥补。美国的战略预警体系许多工作都是由民用系统来完成的。前文所提到的美国“联合监视系统”就是由空军与联邦航空局共同管理的雷达网，目的在于发挥民用航空的航路监视雷达的潜力，军民结合，共同承担美国国内的防空预警任务，以节约大量经费和人员。该系统平时用于民航空中管制；战时可执行美国本土的防空警戒任务，识别来袭的敌机和巡航导弹。

此外，美国国家航空航天局、麻省理工学院林肯实验室、史密斯索尔天文台等这些美国非军事机构都与美国军方有长期合作关系，为美国战略预警体系提供技术与信息支持。美国战略预警体系空间监视系统的“借用”传感器中就是由美国军方通过合同或协议方式租用美国政府其他机构或私人承包商的传感器以提供空间监视数据。通过军民通力协作，既降低了研制经费，同时也丰富了国家战略预警信息的来源。

二、美国战略预警体系建设过程中的教训

应该看到，美国战略预警体系的建设过程，是在完全没有先验经验的条件下自行摸索发展建设的，也不可避免地走过一些弯路，

---

① 袁振涛等：“空间目标监视对弹道导弹预警影响分析”，《现代雷达》2013 年第 9 期，第 6 页。

造成了一些浪费。我们对美国战略预警体系建设过程中的教训进行总结，目的在于以后见之明，帮助我们在建设自己的战略预警体系中避免重蹈覆辙。

（一）只重眼前，战略前瞻不足

应该认识到矛与盾的对抗升级中，盾始终处于被动地位。随着突防技术的进步，防御系统经常落后于进攻武器，如何化被动为主动是预警体系建设中值得注意的问题。否则，投入大量人力物力建设的新系统刚刚建成或尚未建成，新的战略武器就出现了。结果是新建系统效果不明显，反而由于每年还要化费大量的维护费用变成负担。美国战略预警体系在早期的建设发展过程中，就曾经存在过只重眼前、不顾长远，战略前瞻不足的问题。

比如20世纪50年代中后期，苏联导弹技术已经开始起步。而此时美国仍然在投巨资建设以防苏联远程轰炸机从北极方向进犯的“远程预警线”。这条雷达预警线于1955年开始建设，到1957年底，第一阶段建设工作才基本完成。而在当年8月21日苏联就已经成功发射了第一枚洲际弹道导弹——SS－6，随后又在10月4日成功发射了世界上第一颗人造卫星，客观上证实了苏联具备洲际弹道导弹发射能力的真实性。这使得美国人对核威胁的理解开始急剧转变：如果苏联能够用洲际弹道导弹进行核打击，它就不会再依靠其技术并不先进、航程并不够远的轰炸机进行首轮核打击，防御苏联远程轰炸机显然已没有太大意义。于是，美国的战略预警体系建设重点又迅速转移到以防范弹道导弹为主的“弹道导弹早期预警系统”上。

再如美国兴建“潜射弹道导弹预警系统”474N时，主要是把“赛其”防空系统中的预警雷达AN/FPS－26改进成AN/FSS－7，这项工作从1964年开始，1971年才交付北美防空司令部使用，而不久苏联即研制和装备了新的潜射弹道导弹SS－N－8，原来系统的AN/FSS－7机械扫描单波束雷达不能对付SS－N－8导弹，结果系统工作不到两年便落伍了，美军不得不考虑建造大型相控阵雷达。

这些都充分说明，在战略预警体系建设中，应密切关注战略进攻武器的动向，在兴建新系统之前考虑到新武器出现的可能性，在设计上要有战略前瞻性，留有余地，争取主动。

（二）恶性竞争，部门利益至上

美国在兴建战略预警体系之初，三军互相竞争，造成系统重复建设，如在空间监视领域，美三军就曾经各搞一套，空军建设“空间跟踪系统”（SPACETRACK），海军发展“海军空间监视系统”（NAVSPASUR），陆军有“卫兵”（SAFEGUARD）系统。又如卫星，不仅空军有、海军有，航空航天局也有。这种重复建设，盲目攀比，不仅浪费巨大，也极易造成军事指挥混乱。不仅军种之间，军种内部不同部门之间经常也会就争夺发展经费展开竞争。比如战后初期，战略空军司令部就极力反对建立雷达防御网络，害怕有限的军费用于发展雷达技术和部署雷达网络，影响了对战略轰炸机的投入。

小　结

经过战后近 70 年的发展，美国已建立起覆盖陆、海、空、天诸领域，涵盖雷达探测、光电观测、无线电侦测多手段综合一体、功能强大的现代战略预警体系。通过考察战后美国战略预警体系的发展历程，可以看出，正是不同历史时期美国所面临的战略威胁的变化在不断推动美国战略预警体系的发展，以传感器技术为代表的军事科技的进步为美国战略预警体系的发展提供了技术支撑，而不论美国战略预警体系如何演变，维护美国的战略优势是其战略预警体系建设的根本目的。在未来世界军事发展核、空间及信息等重要领域的战略优势争夺中，美国战略预警体系将发挥重要的战略作用。

经过 70 年发展，当前的美国战略预警体系具有功能强大，大纵深立体化布势，多种手段、平台相互融合衔接，广泛开展跨国跨机构合作的特点。通过对当前美国战略预警体系的研究，可以发现美国战略预警体系的未来发展趋势是：重点发展天基预警平台，积极研制移动预警装备，打造互连互通的全球预警网络体系。

美国战略预警体系的历史考察中，既有稳步发展、科学布局，多种手段互为依托、相互补充，以及广泛开展军民合作的有益经验；也有如只重眼前、战略前瞻不足，恶性竞争，部门利益至上的教训。这些经验与教训值得我们在建设发展中国战略预警体系时学习与借鉴。

第六章　对中国战略预警体系建设的几点思考

战略预警的本质是军事斗争高级阶段的制信息权争夺，它既是战略防御的第一步和重要组成部分，同时也对作战有重要支撑作用。

敌人何时何地以何种手段对我发起打击，以及我要打击的敌重要目标的信息，永远是战争中双方最想掌握的信息。人类军事进入核时代与信息时代后，由于进攻性武器的发展，打击的威力、精度和时效大为提升，诸如斩首行动等“毕其功于一役”的可能性大大增加。因此，敌对我战略打击的信息及我要打击的敌战略目标信息的战略意义格外突出。可见，无论是核时代还是信息时代，制信息权仍然是军事斗争争夺的关键，而其意义也由普通的制胜手段上升为威慑工具。作为战略信息获取的技术手段，战略预警体系客观上担负着为国家进行战略值班，搜集战略信息的重要任务。

第一节　正确认识建设中国战略预警体系的重要意义

“积极防御战略思想是中国共产党军事战略思想的基本点。在长期革命战争实践中，人民军队形成了一整套积极防御战略思想，坚持战略上防御与战役战斗上进攻的统一，坚持防御、自卫、后发制人的原则，坚持‘人不犯我，我不犯人；人若犯我，我必犯人’。”①

---

① “中国的军事战略”，《解放军报》2015 年 5 月 27 日，第 4 版。

战略预警体系无疑是执行积极防御思想的有效工具，在美国视中国为潜在对手，战略重心不断向亚太东移的背景下，加快建设中国战略预警体系具有重要战略意义，既符合中国积极防御的军事战略，也是中国战略力量建设的重大举措。

一、有助于中国应对当前面临的空天战略威胁

中国周边国家中，美、俄、日都是军事大国，美国和俄罗斯是明确的核国家，印度和巴基斯坦已经迈过了核门槛，日、韩虽然没有核武器，却是美国的盟友，部署有美国的军队和武器。日本、印度与中国还存在领土争端。且不论美、日导弹对中国的威胁，就连印度最新研制的“烈火” -5导弹也已经可以覆盖中国全境。因此，中国面临的潜在核威胁并不小。只有建立起战略预警体系，并在条件成熟时建立起反导拦截体系，才能有效保护中国免受核威胁。

20世纪中期以来，航天大国针对中国的空间侦察监视从未间断。中国的核试验场、机场、海军基地、导弹阵地等大量战略目标，一直受到敌方长期监视。[①] 当前，美国利用其侦察卫星，对境内目标肆意进行侦察监视。中国重要军事行动，如部队调动、装备运输、航天发射、战场建设均在其密切监视下，对中国军事安全构成重大威胁。只有建设好战略预警体系，对外国空间卫星进行监视，才能有效保护中国军事设施及军事行动安全。

此外，美国当前正在积极研制高超音（声）速飞行器，准备部署“全球快速打击”（Prompt Global Strike，PGS）系统。X-37B空间飞机已经进行了多次试飞，据称未来将实现在1小时内对全球任何目标实施打击的能力。这无疑将对中国空天安全构成巨大威胁。这也要求中国加快建设高效、灵敏的战略预警体系，以应对美国高

① 穆永民：“我国空间安全面临的威胁及对策思考”，《空军军事学术》2013年第2期，第28页。

技术空天武器，维护空天战略安全。

二、有助于保障中国有限核威慑

1955 年，中国政府在经济十分困难的情况下，做出发展自己核武器的决定，终于在 1964 年拥有了核武器。中国发展核武器的目的，是为了打破核大国的核垄断、核讹诈和核威胁，这就决定了中国的核力量主要用于核威慑和核反击。[①]

中国是有核国家中唯一承诺并坚持不首先使用核武器的国家。2015 年发布的《中国的军事战略》白皮书指出："核力量是维护国家主权和安全的战略基石。中国始终奉行不首先使用核武器的政策，坚持自卫防御的核战略，无条件不对无核武器国家和无核武器区使用或威胁使用核武器，不与任何国家进行核军备竞赛，核力量始终维持在维护国家安全需要的最低水平。"[②] 与美国相比，中国的核武器无论是在数量还是质量上都有较大差距，因此我们对美的核威慑只能是有限核威慑。在进攻核力量与美国相比相差很大的情况下，如果美国有战略预警体系而中国没有，中国就很难对美形成有效的战略威慑。为了使中国以有限核力量对美的威慑真实可信，我们就必须"建设完善核力量体系，提高战略预警、指挥控制、导弹突防、快速反应和生存防护能力，慑止他国对中国使用或威胁使用核武器"。[③] 因此，建立起以防御敌战略打击为主要目的的战略预警体系十分必要，符合中国积极防御的军事战略。有了自己的战略预警体系，我们就能更好地保护我战略核反击力量，就不惧怕敌人的第一次战略核打击，就能更好地执行不首先使用核武器的政策，从而使任何强敌都不敢轻易对中国发动战略打击，保证了中国有限核威慑的战略更加可信和有效。

---

① 姚有志：《大剑道——影响世界的战略理论》，北京：军事科学出版社，2014 年，第 191 页。

② "中国的军事战略"，《解放军报》2015 年 5 月 27 日，第 4 版。

③ 同上。

三、有助于中国形成有限空间威慑

“太空是国际战略竞争制高点。有关国家发展太空力量和手段，太空武器化初显端倪。中国一贯主张和平利用太空，反对太空武器化和太空军备竞赛，积极参与国际太空合作。”①

空间技术是中国当前重点发展的领域。自 1970 年 4 月 24 日发射“东方红一号”人造卫星以来，中国一直在航天领域不断取得突破，特别是近年来“神舟”载人航天与“嫦娥”探月工程的实施，标志着中国航天事业已步入世界领先行列。

随着中国空间技术的快速发展，中国的空间资产数量也在不断上升，前述美国所面临的空间资产安全的问题，我们也终将会面临。美国空军早在1985 年9 月13 日就成功进行了首次反卫星试验。2007 年1 月中国进行反卫星试验后，美国迅速做出反应，于 2008 年 2 月北京时间21 日上午 11 点 26 分（美国东部时间20 日22 点26 分）在夏威夷西部太平洋海域通过“伊利湖”号“宙斯盾”巡洋舰发射一枚“标准 -3”导弹，在距离地面 247 千米高度成功击中美国的一颗失控侦察卫星 USA -193。② 美国此次采用导弹对卫星进行的反卫星试验，证实了美国的反卫星能力已经达到了实战水平，同时也让我们看到自身空间战略资产所面临的严峻威胁。

为了保护我空间战略资产，中国必须“密切跟踪掌握太空态势，应对太空安全威胁与挑战，保卫太空资产安全，服务国家经济建设和社会发展，维护太空安全”。③ 只有加快建立起中国自己的战略预警体系，加强对空间非合作目标的监视，提升空间态势感知能力，让潜在对手知道中国具备监视其空间军事行动，并打击其空间目标的能力，形成有限的空间威慑，才能使潜在敌人不敢对中国空间目

---

① “中国的军事战略”，《解放军报》2015 年 5 月 27 日，第 4 版。

② 陈利玲等：“国外防空防天装备发展现状与趋势”，《航天电子对抗》2010 年第 3 期，第 8 页。

③ “中国的军事战略”，《解放军报》2015 年 5 月 27 日，第 4 版。

标采取敌意行动，以此确保中国空间战略资产的安全。因此，建设战略预警体系也是中国战略力量建设的重大举措。

四、有助于中国抢占未来空间军事斗争的战略制高点

现在的空间战场只是未来空间军事对抗的雏形，还“主要是军事卫星对战争的信息支持”。[①] 美国现在所研究的，是在太空部署武器对地攻击，使用天基武器来打击陆、海、空、临空和太空的目标，这将是空间军事对抗的第二阶段。而当不只一个国家在空间部署了武器后，可能出现的就将是空间武器在空间战场的直接对抗，这将是空间军事对抗的终极形式。

现在研制空间目标监视装备，就目前而言，主要出自保护己方空间资产的考虑。但从未来长远看，发展空间态势感知能力，争夺空间制信息权，对未来空间战场军事对抗具有基础性作用。“知彼知己，百胜不殆”的规律在空间战场同样适用，而空间态势感知也与陆地战场态势感知一样对空间战场战争的胜负有决定性影响。因此，加快建设战略预警体系，部署天基空间监视系统也是在抢占未来空间军事斗争的战略制高点。

第二节　对中国战略预警体系建设与发展的建议

中国的战略预警体系建设，“是在国家利益不断拓展、新的战略威胁与挑战不断凸显的时代背景下启动的，是在我军建设由机械化向信息化转型的大环境中展开的，是在我军拥有一定战略预警手段但尚未形成体系能力的情况下推进的”。[②] 因此，中国的战略预警体

① 刘兴等：《一体化空天防御系统》，北京：国防工业出版社，2011 年，第 344 页。

② 王喜斌：“深刻领会胡主席重要战略思想科学推进战略预警体系建设”，《军事学术》2011 年第 1 期，第 14 页。

系建设，一定要注意顶层设计、一体化建设、军民融合与资金投入四个问题。

一、加强战略研究，做好顶层设计

中国的战略预警体系建设，首要的是搞好顶层设计，合理规划、科学布局，充分学习借鉴先进国家历史经验教训，利用后发优势，建立起符合中国国家战略安全需求的预警体系。

如前所述，美苏两国在冷战对抗中建立起了自己的战略预警体系，它们的战略预警体系经历了冷战数十年的考验，不断发展完善，在预警装备和体系建设上已经远远走在了我们前面。如果我们完全按照它们的发展路径前行，是永远无法超越的。要想实现跨越式发展，只有在既学习它们成功经验的同时又吸取它们发展中的教训，少走弯路。

中国的战略预警体系建设应服务于中国积极防御的军事战略，“坚持面向长远任务，分阶段、按步骤建设发展的思路，平时与战时相结合，达到战略制衡、慑战并举的目的”。①

美国的战略预警体系是随威胁变化而发展演进的，最早从针对亚音速战略轰炸机而建设的防空预警线开始，后来随着洲际导弹的出现，预警任务扩展到反导预警，又先后建设了“北方弹道导弹预警系统”“潜射弹道导弹预警系统”等预警系统，使美国的战略预警体系不断完善。再后来随着大国角力进入太空，美国的空间资产受到威胁，美国开始部署天基监视系统，最终形成空天一体的多维预警网络。

而中国在当前筹建自己的战略预警体系时，本身就面临着来自空、天的多种战略武器威胁，所以有必要从一开始就要考虑将多种空、天战略武器作为预警对象，建设一个功能相对完备的战略预警

---

① 宁永刚等：“美国反导系统战略预警体系建设及启示”，《空军工程大学学报（军事科学版）》2010 年第 2 期，第 107 页。

体系。这就决定了我们必须跨越美国历史上“单一预警对象”的发展阶段，避免日后重复建设以节约宝贵资金。

二、加强一体化建设，注重资源的整合

在战略预警体系建设中，要注意发挥体系的整体功能，注意各子系统的有机融合、预警与火力打击系统的融合、战略预警与战场预警的融合。

（一）防空、反导预警与空间监视一体化建设

战略预警归根到底是一个国家的空天防御问题，不论防空、反导还是空间目标监视系统，都是为了执行空天目标的侦察监视任务。这三大任务的内在联系，决定了三个系统在建设时就必须统一规划，以确保三个子系统在工作中能相互支持、相互补充、互联互通。比如，从前文对美国战略预警体系的考察可以看出，反导预警雷达与空间监视雷达可以通用，因此中国在建设与部署此两类雷达时，就应该注意统筹和兼顾，可以反导预警需求为主，兼顾空间目标监视，以避免重复建设造成浪费。

（二）战略预警监视与火力拦截一体化建设

战略预警只是战略防御的第一步，战略防御的最佳结果是将来袭敌战略武器成功拦截。因此，战略预警体系在建设时就一定要注意与火力拦截系统的信息传输问题。战略预警体系要为弹道导弹拦截系统及时提供实时可靠的信息数据，并对拦截弹轨迹进行监视，同时评估拦截效果，做到“侦、控、打、评”一体。

（三）战略预警与战场预警一体化建设

如前所述，美国的战略预警体系不仅能够进行战略预警，还在近几场局部战争中对美军作战行动提供了有力支持。现代战争中，不仅战场防空反导预警离不开国家战略预警体系，未来战场综合态势感知中的空天态势感知也有赖于国家战略预警体系，而敌方

战略目标的信息也要依靠战略预警体系提供。因此，在筹划建设国家战略预警体系时，就要将战场侦察监视一并考虑进去，使未来建成的战略预警体系，不仅能完成对敌战略武器打击本土的防御，也能为战场上我军提供预警防护，还能为打击武器提供敌重要目标信息。

三、军民融合，寓军于民

“融合才能强大，一体才能制胜。军民融合既是兴国之举，又是强军之策，关乎国家长远发展和长治久安，关乎中国梦强军梦的实现。”① 习主席在十二届全国人大三次会议出席解放军代表团全体会议时强调，要“深入实施军民融合发展战略，努力开创强军兴军新局面”。② 他指出：“把军民融合发展上升为国家战略，是我们长期探索经济建设和国防建设协调发展规律的重大成果，是从国家安全和发展战略全局出发做出的重大决策。”③

如前文所述，美国战略预警体系建设的一大经验就是广泛开展军民合作。如今中国的经济发展已经到了一个历史新高度，国家综合国力与核心竞争力显著增强。中国的战略预警体系建设既有必要也完全可以部分依托地方力量来建设，比如加强与民航部门的合作以促进防空预警探测，加强与航空航天科研机构的合作以加强空间目标监视。要努力“促进军地资源互通互补互用”，在战略预警体系建设领域“贯彻军民结合、寓军于民的方针，深入推进军民融合式发展，不断完善融合机制、丰富融合形式、拓展融合范围、提升融合层次，努力形成全要素、多领域、高效益的军民融合深度发展格

① “军民融合是富国强军的战略抉择——一谈学习贯彻习主席在解放军代表团全体会议上的重要讲话”，《解放军报》2015 年 3 月 17 日，第 1 版。

② “习近平在出席解放军代表团全体会议时强调，深入实施军民融合发展战略，努力开创强军兴军新局面”，《解放军报》2015 年 3 月 13 日，第 1 版。

③ 同上。

局”。①

四、科学规划，量力而行

从前文美国战略预警体系建设的历史考察中可以看出，美国的战略预警体系建设是项耗资巨大的工程。2005—2015 年，仅服务于空间态势感知的项目美国就计划投资 50 亿美元。

美国 2013 年的 GDP 高达 16.8 万亿美元，2014 财年国防预算达 5521 亿美元；中国 2013 年 GDP 为 9.24 万亿美元，2014 年国防预算为 1320 亿美元。② 美国国家财力之雄厚是其他各国无法望其项背的。与美国相比，中国的 GDP 与国防预算都相差很多。当年冷战中，苏联也曾建立了能与美国相抗衡的战略进攻力量与战略预警体系，但最终还是走向解体。一个重要原因就是与美国长期开展军备竞赛，最终拖垮了国民经济。

所以中国的战略预警体系建设必须立足中国军事斗争准备实际作战需求，着眼现实与长远需要，量力而行，不盲目求大求全。“以满足国家安全基本需求、具备非对称威慑能力为第一目标，不进行全球性部署，不把摊子铺得过大，不谋求‘零和’思维逻辑下的‘绝对安全’，不进行针锋相对的全面军备竞赛，防止把矛头引向自己，伤及国力而最终损害国家安全。”③

小　结

战略预警的本质是军事斗争高级阶段的制信息权争夺。对于坚持积极防御战略思想的中国而言，建设战略预警体系具有重要意义。

---

① “中国的军事战略”，《解放军报》2015 年 5 月 27 日，第 4 版。

② “中美军费预算比较”，中新网，http：//www.chinanews.com/tp/hd2011/2014/03 - 07/316678.shtml（2015/03/15）。

③ 王喜斌：“深刻领会胡主席重要战略思想，科学推进战略预警体系建设”，《军事学术》2011 年第 1 期，第 16 页。

战略预警体系将有助于应对当前面临的战略威胁；有助于保障有限的核威慑；有助于形成有限的空间威慑；也有助于抢占未来空间军事斗争的战略制高点。

以美国战略预警体系发展史研究来看，中国的战略预警体系建设：一是要注意加强战略研究，做好顶层设计。充分学习借鉴先进国家历史经验教训，利用后发优势，建立起符合中国国家战略安全需求的预警体系。二是要加强一体化建设，注重资源的整合。注意防空、反导与空间监视等各子系统的有机融合、预警与火力打击系统的融合、战略预警与战场预警的融合。三是促进军民融合，寓军于民。在战略预警体系建设领域贯彻军民结合、寓军于民的方针，深入推进军民融合式发展，不断完善融合机制、丰富融合形式、拓展融合范围、提升融合层次，努力形成全要素、多领域、高效益的军民融合深度发展格局。四是科学规划、量力而行。中国的战略预警体系建设必须立足自身军事斗争准备实际作战需求，着眼现实与长远需要，量力而行。不求大求全，不谋求“零和”思维逻辑下的“绝对安全”，不进行针锋相对的全面军备竞赛。以满足国家安全基本需求、具备非对称威慑能力为首要目标，建设符合中国国家利益和战略需求的战略预警体系。

附　　录

附录一　美国战略预警体系建设大事年表

1946 年

3 月 27 日　美国陆军航空队重建防空司令部（Air Defense Command，ADC）。

1947 年

5 月　苏联图 – 4（Tu – 4，北约代号“公牛”Bull）远程轰炸机首飞。

7 月　美国空军成立。

10 月　苏联成功试射了第一枚导弹——SS – 1。

1949 年

8 月 29 日　苏联成功试爆第一颗原子弹。

9 月 24 日　苏联塔斯社发表声明，苏联原子武器研制成功。

1950 年

4 月　苏联图 – 16（Tu – 16，北约代号“獾”Badger）远程轰炸机试飞。

美国建立“捆绑”（Lashup）防空系统。

美国开始研制“赛其”（SAGE）半自动防空系统。

1951 年

10 月 18 日　苏联用图 – 4 成功投掷了原子弹。

美国开始建设“松树线”雷达防空预警线。

1952 年

11 月　苏联图 -95（Tu -95，北约代号‘熊’，bear）首次试飞。

1953 年

苏联米亚 -4（M -4，北约代号“野牛”Bison）首次试飞。

1954 年

2 月　加拿大和美国政府同意联合建造“远程预警线”。

9 月 1 日　大陆防空司令部（CONAD）成立。

苏军正式列装核武器。

1955 年

1 月 1 日　“松树线”雷达防空预警线投入使用。

1956 年

美国开始建设“中加拿大线”雷达防空预警线。

1957 年

8 月 21 日　苏联成功发射了世界上第一枚洲际弹道导弹——P -7（北约称 SS -6）。

8 月　“远程预警线”雷达防空预警线建成。

9 月 12 日　北美防空司令部（NORAD）成立。

10 月 4 日　苏联成功发射了世界上第一颗人造卫星。

1958 年

1 月 1 日　“中加拿大线”雷达防空预警线建成投入使用。

美国开始兴建“弹道导弹早期预警系统”（BMEWS），格陵兰岛图勒站开工建设。

1960 年

2 月 25 日　“导弹防御警报系统”（MiDAS）第一颗卫星发射。

10 月　弹道导弹预警系统格陵兰岛图勒站建成。

1961 年

6 月　弹道导弹预警系统阿拉斯加州克里尔站建成。

10 月 20 日　苏联发射第一枚潜射弹道导弹。

美国海军空间监视系统（NAVSPASUR）建成投入使用。

美国“赛其”半自动防空系统21个指挥控制中心全部建成。

1962年

5月12日　苏联下令开始研制部分轨道轰炸系统（FOBS）。

1963年

9月　弹道导弹预警系统英国费林戴尔斯站建成。美国弹道导弹预警系统建成。

1964年

1月12日　“中加拿大线”8个区控制站中的5个关闭。

苏联第一种水下发射的潜地导弹SS－N－5服役。

1965年

4月　“中加拿大线”雷达防空预警线关闭。

1968年

11月19日　苏联P－360轨道导弹正式列装。

1969年

1月　佛罗里达州埃格林空军基地AN/FPS－85大型相控阵雷达投入使用。

8月25日　苏联P－360轨道导弹装备部队，开始作战值班。

1970年

11月6日　“国防支援计划”（DSP）第一颗卫星发射。

1972年

5月26日　美苏在莫斯科签署《美苏关于限制反弹道导弹系统条约》和《美苏关于限制进攻性战略武器的某些措施的临时协定》。

10月3日　《反导条约》正式生效。

1974年

7月　美苏签订《反导条约》补充议定书，将条约允许的两个战略反导基地减为一个。

1975年

10月1日　“卫兵”反导系统正式交付使用。

美国建成联合监视系统（JSS）。

1976 年

2 月　“卫兵”反导系统停止活动。

马萨诸塞州科德角奥梯斯空军基地开始 AN/FPS－115“铺路爪”相控阵雷达建造。

1977 年

苏联第一个装配分导式多弹头的潜射洲际弹道导弹 SS－N－18 服役。

“丹麦眼镜蛇”相控阵雷达投入使用。

1980 年

4 月　第一部 AN/FPS－115“铺路爪”相控阵雷达在奥梯斯空军基地具备作战能力。

8 月　第二部 AN/FPS－115“铺路爪”相控阵雷达在比尔空军基地具备作战能力。

1981 年

美国导弹测量船“观察岛”号搭载“朱迪眼镜蛇”雷达服役。

1982 年

9 月 1 日　空军航天司令部成立。

丹尼尔·格雷厄姆提出“高边疆”理论。

美国开始在北美大陆部署后向散射超视距雷达系统（OTH－B）。

1983 年

3 月 23 日　里根发表“战略防御计划”（SDI）电视讲话。

1984 年

美国建成“联合监视系统”（JSS）。

1985 年

美国开始研制新一代的“北方预警系统”。

9 月 1 日　美国航天司令部成立。

1986 年

美国东部缅因州 AN/FPS－118 后向散射超视距雷达系统（OTH-B）建成。

11 月 罗宾斯空军基地和埃尔多拉多空军基地 AN/FPS－115“铺路爪”相控阵雷达建成具备作战能力。

1987 年

图勒空军基地的预警雷达被更换成“铺路爪”相控阵预警雷达。

1990 年

4 月 美国东部后向散射超视距雷达系统（OTH-B）移交美国空军。

1992 年

“北方预警系统”建成。

菲林代尔斯站预警雷达被更新为“铺路爪”相控阵预警雷达。

1995 年

9 月 30 日 美国决定关闭封存位于罗宾斯和埃尔多拉多的两部 AN/FPS－115“铺路爪”相控阵预警雷达。

1996 年

4 月 24 日 美国发射中段空间试验卫星（MSX）。

1998 年

埃尔多拉多空军基地退役的相控阵预警雷达被搬到阿拉斯加州的克里尔空军基地。

2001 年

12 月 31 日 美国总统布什正式宣布退出美苏 1972 年签署的《反导条约》。

2002 年

10 月 1 日 美国空间司令部与战略司令部合并组成美国战略司令部（USSTRATCOM）。

导弹防御局将“天基红外”系统低轨部分（SBIRS-Low）改名为“空间跟踪与监视系统”（STSS）。

天基空间监视系统（SBSS）正式启动。

2004 年

10 月 1 日 海军空间监视系统（NAVSPASUR）系统正式由海

军移交给空军管理，更名为空军空间监视系统（AFSSS）。

2006 年

3 月　美国海基 X 波段雷达投入使用。

6 月　美国在日本青森县车力基地部署了第一部移动式前沿部署 X 波段雷达。

6 月 27 日　“天基红外—高轨 1 号”（SBIRS HEO－1）卫星发射。

2007 年

两部 AN/FPS－132 UEWR 分别在美国加利福尼亚比尔空军基地和英国菲林代尔斯英国皇家空军基地实现了全天时作战能力。

11 月 9 日　“国防支援计划”最后一颗——第 23 颗卫星发射。

2008 年

3 月 23 日　“天基红外—高轨 2 号”（SBIRS HEO－2）卫星发射。

美国中段试验卫星退出使用。

2009 年

5 月 5 日　“空间跟踪与监视系统先进技术风险降低”（STSS ATRR）试验卫星发射升空。

9 月 25 日　美国发射 2 颗 STSS 试验演示卫星进入低地球轨道。

2010 年

9 月 26 日　天基空间监视系统（SBSS）Block 10 卫星发射升空。

2011 年

5 月 7 日　“天基红外—地球同步轨道 1 号”（SBIRS GEO－1）卫星发射。

2012 年

1 月 10 日　美国新一代导弹测量船“洛伦岑”号正式服役。

2013 年

10 月 1 日　空间监视系统（AFSSS）正式停用。

2014 年

12 月　美国在日本中部经之岬部署第二部移动式前沿部署 X 波段雷达。

洛·马公司赢得了 S 波段“太空篱笆”（Space Fence）的合同。

附录二　美国导弹预警卫星发射情况表①

	发射时间	倾角	近地点（英里）	远地点（英里）	第一站
MiDAS1	1960 年 2 月 25 日	没有到达轨道			
MiDAS2	1960 年 5 月 24 日	33.0	300	317	不适用
MiDAS3	1961 年 7 月 12 日	91.2	2082	2191	不适用
MiDAS4	1961 年 10 月 24 日	95.9	2168	2329	不适用
MiDAS5	1962 年 4 月 9 日	86.7	1745	2097	不适用
MiDAS6	1962 年 12 月 17 日	没有到达轨道			
MiDAS7	1963 年 5 月 9 日	87.4	2234	2282	不适用
MiDAS8	1963 年 6 月 12 日	没有到达轨道			
MiDAS9	1963 年 7 月 18 日	88.4	2275	2311	不适用
461 -1	1966 年 6 月 9 日	90.5	108	2242	不适用
461 -2	1966 年 8 月 19 日	90.1	2282	2294	不适用
461 -3	1966 年 10 月 5 日	90.2	2282	2295	不适用
DSP F1	1970 年 11 月 6 日	7.8	16151	22249	不适用
DSP F2	1971 年 5 月 5 日	0.87	22104	22221	东半球
DSP F3	1972 年 3 月 1 日	0.2	21958	22296	大西洋
DSP F4	1973 年 6 月 12 日	0.3	22181	22187	东半球

① Jeffrey T. Richelson, *America's Space Sentinels*: *The History of the DSP and SBIRS Satellite System* (*2nd ed.*), University Press of Kansas, 2012. pp. 289 -290.

续表

	发射时间	倾角	近地点（英里）	远地点（英里）	第一站
DSP F5	1975 年 12 月 14 日	3.0	22116	22187	不适用
DSP F6	1976 年 6 月 25 日	0.5	22084	22223	大西洋
DSP F7	1977 年 2 月 8 日	0.5	22084	22223	大西洋
DSP F8	1979 年 6 月 10 日	1.8	22141	22229	太平洋
DSP F9	1981 年 3 月 16 日	1.99	21987	22027	大西洋
DSP F10	1982 年 3 月 6 日	1.97	22022	22070	大西洋
DSP F11	1984 年 4 月 14 日	1.27	22028	22028	太平洋
DSP F12	1984 年 12 月 22 日	3.4	22267	22437	太平洋
DSP F13	1987 年 11 月 28 日	2.92	22018	22046	大西洋
DSP F14	1989 年 6 月 14 日	3.1	22080	22133	太平洋
DSP F15	1990 年 11 月 12 日	无信息	无信息	无信息	东半球
DSP F16	1990 年 11 月 24/25 日	无信息	无信息	无信息	东半球
DSP F17	1994 年 12 月 22 日	无信息	无信息	无信息	印度洋
DSP F18	1997 年 2 月 23 日	无信息	无信息	无信息	印度洋
DSP F19	1999 年 4 月 9 日	28.8	391	21515	不适用
DSP F20	2000 年 5 月 9 日	3.4	22185	22191	太平洋
DSP F21	2001 年 8 月 6 日	6.1	22180	22196	东半球
DSP F22	2004 年 2 月 14 日	3.4	22188	22196	印度洋
DSP F23	2007 年 11 月 9 日	8.4	22177	22195	欧洲
SBIRS HEO－1	2006 年 6 月 27 日	63.3	1472	23547	不适用
SBIRS HEO－2	2008 年 3 月 3 日	63.3	1197	23824	不适用
SBIRS GEO－1	2011 年 5 月 7 日	6.3	22226	22245	印度洋

MiDAS：导弹防御警报系统

DSP：国防支援计划

SBIRS-HEO：天基红外系统高轨道卫星

SBIRS-GEO：天基红外系统地球同步轨道卫星

附录三　美军联合电子装备命名系统

(Joint Electronics Type Designation System)

第一个字母	第二个字母	第三个字母
安装位置	设备类型	设备用途
A 机载 B 水下移动式，潜艇 D 无人驾驶运载工具 F 地面固定 G 地面通用 K 水陆两用 M 地面移动式 P 便携式 S 水面舰艇 T 地面可运输式 U 通用 V 地面车载 W 水面或水下 Z 有人和无人驾驶空中运输工具	A 不可见光，热辐射设备 C 载波设备 D 放射性检测，指示，计算设备 E 激光设备 F 摄影设备 G 电报，电传设备 I 内部通信和有线广播 J 机电设备 K 遥测设备 L 电子对抗设备 M 气象设备 N 空中声测设备 P 雷达 Q 声纳和水声设备 R 无线电设备 S 专用设备，磁设备或组合设备 T 电话（有线）设备 V 目视和可见光设备 W 武器特有设备 X 传真和电视设备 Y 数据处理设备	A 辅助装置 B 轰炸 C 通信（发射和接受） D 测向侦查或警戒 E 弹射或投掷 G 火控或探照灯瞄准 H 记录 K 计算 M 维修或测试工具 N 导航（测高，信标，罗盘，测深，进场） Q 专用或兼用 R 接收，无源探测 S 探测或测距，测向，搜索 T 发射 W 自动飞行或遥控 X 识别 Y 监视和火控

AN 是美军所有电子装备型号的开头，其原意是 Army-Navy，代表是陆军和海军联合命名系统。其后第一个字母代表装备所在位置；第二个字母代表装备类型；第三个字母代表装备用途。如常见的预警雷达 AN/FPS，第一个字母 F 代表地面上的，第二个字母 P 代表雷达，第三个字母 S 代表是用来探测或搜索。AN/FPS 代表此雷达是地面固定的用于探测或搜索的雷达。

附录四　缩略语表

A

ABM：Antiballistic Missile 反弹道导弹

AC&W：Aircraft Control and Warning 飞机控制与预警

ADC：Air Defense Command 防空司令部

Aerospace Defense Command 空天防御司令部（1968—1975）

ADCOM：Aerospace Defense Command 防空司令部（1975—1980）

AFB：Air Force Base 空军基地

AFS：Air Force Station 航空站

AFSPC：Air Force Space Command 空军航天司令部

ALCOR：ARPA Lincoln C-band Observe Radar 高级研究计划局林肯 C 波段观测雷达

ALERT：Attack and Launch Early Reporting to Theater 战区进攻与发射预警系统

ALTAIR：ARPA Long-range Tracking and Identification Radar 高级研究计划局远程跟踪与识别雷达

AOTHR：Advanced Over-The-Horizon Radar 高级超视距雷达

ARPA：Advanced Research Projects Agency 高级研究计划局

ARSPACE：Army Space Command 陆军空间司令部

ARSR：Air-Route Surveillance Radar 航路监视雷达

ASACS：Airborne Surveillance Radar 空基监视雷达

ATRR：Advanced Technology Risk Reduce 先进技术风险降低
AWACS：Airborne Warning and Control System 机载预警与控制系统

B

BM/C^2：Battle Management/Command and Control 作战管理/指挥和控制
BM/C^3：Battle Management/Command，Control and communication 作战管理/指挥、控制和通信
BM/C^3I：Battle Management/Command，Control，Communication and Intelligence 作战管理/指挥、控制、通信和情报
BMEWS：Ballistic Missile Early Warning System 弹道导弹预警系统
BSTS：Boost Surveillance and Tracking System 助推段监视和跟踪系统

C

C^2BMC：Command，Control，Battle Manegement and Communication 指挥、控制、作战管理与通信
CGS：CONUS Ground Station 美国大陆地面站
COA：Courses of Action 行动方案
CONAC：Continental Air Command 大陆空军司令部
CONAD：Continental Air Defense Command 大陆防空司令部

D

DEW：Distant Early Warning 远程预警线
DoD：Department of Defense 国防部
DSP：Defense Support Program 国防支援计划
DRB：Defence Research Board 国防研究委员会
DSC：Defensive Space Control 防御性空间控制
DST：Deep Space Trace System 深空空间跟踪系统

E

EAM：Emergency Action Message 紧急情况信息
EGS：European Ground Station 欧洲地面站
EPARCS：Enhanced Perimeter Acquisition Radar Attack Characterization System 加强型环形搜索雷达攻击目标特征判定系统

F

FAA：Federal Aviation Administration 美国联邦航空局
FBX-T：Forward-Based X-band Transportable-Radar 移动式前沿部署 X 波段雷达
FEWS：Follow-on Early Warning System 后续早期预警系统
FOBS：Fractional Orbit Bombardment System 部分轨道轰炸系统
FY：Fiscal Year 财政年度

G

GAO：General Accounting Office 美国审计总署
GBR-T：Ground-Based Radar-THAAD 战区高空防御系统雷达
GBX：Ground-Based X-Band Radar 陆基 X 波段雷达
GE：General Electric 通用电气公司
GEO：Geosynchronous Earth Orbit 地球同步轨道
GEODSS：Ground-based Electro-Optical Deep Space Surveillance 陆基光电深空监视
GSSAP：Geosynchronous orbit Space Situation Awareness Program 地球同步轨道空间态势感知计划

H

HEO：Highly Elliptical Orbit 大椭圆轨道
HUSIR：Haystack Ultra-Wideband Satellite Imaging Radar“干草堆”超宽带卫星成像雷达

I

ICBM：Inter Continental Ballistic Missile 洲际弹道导弹

IDA：Institute for Defense Analyses 国防分析研究所

ITW/AA：Integrated Tactical Warning and Attack Assessment 综合战术预警和攻击评估

J

JCS：Joint Chiefs of Staff 联合参谋部

JSS：Joint Surveillance System 联合监视系统

L

LRR：Long Range Radar 远程雷达

LSSC：Lincoln Space Surveillance Complex 林肯空间监视复合体

M

MAR：Multifunction Array Radar 多功能相控阵雷达

MASINT：Measurement and Signature Intelligence 测量与信号情报

MCS：Mission Control Station 地面任务控制站

MDA：Missile Defense Agency 导弹防御局

MGS：Mobile Ground System 移动地面系统

MGT：Mobile Ground Terminal 移动地面终端

MiDAS：Missile Defense Alarm System 导弹防御警报系统

MIRV：Multiple Independently Re-entry Vehicle 多弹头分导重返大气层运载工具

MMW：Millimeter Wave Radar 毫米波

MOSS：Morón Optical Space Surveillance 莫龙光学空间监视系统

MOTIF：Maui Optical Track and Identification Facility 毛伊岛光学跟踪与识别设备

MPF：Multi-Purpose Facility 多功能设备

MRV：Multiple Reentry Vehicle 多弹头重返大气层运载工具

MSSS：Maui Space Surveillance System 毛伊岛空间监视系统

MSX：Midcourse Space Experiment 中段空间试验卫星

N

NASA：National Aeronautics and Space Administration 国家航空航天局

NAVSPACECOM：Naval Space Command 海军空间司令部

NAVSPASUR：Naval Space Surveillance System 海军空间监视系统

NCA：National Command Authority 国家指挥当局

NCMC：NORAD Cheyenne Mountain Complex 北美防空司令部夏延山综合设施

NMCC：National Military Command Center 国家军事指挥中心

NORAD：North American Air Defense Command 北美防空司令部

NSC：National Security Council 国家安全委员会

NWS：North Warning System 北方预警系统

O

ODSI：Orbit Deep Space Imager 轨道深空成像系统

OGS：Overseas Ground Station 海外地面站

OTH-B：Over-The-Horizon-Backscatter 超视距后向散射防空预警雷达系统

OSC：Offensive Space Control 进攻性空间控制

P

PAR：Perimeter Acquisition Radar 环形搜索雷达

PARCS：Perimeter Acquisition Radar attack Characterization System 环形搜索雷达攻击目标特征判定系统

PAVE PAWS：Perimeter Acquisition Vehicle Entry Phased-Array Warning System 边境截获再入飞行器相控阵预警系统，国内通用将此缩写直

译为“铺路爪”大型相控阵雷达

PGS：Prompt Global Strike 全球快速打击系统

PJBD：Permanent Joint Board on Defense 常设联合防务委员会

PTSS：Precision Tracking Space System 精确跟踪太空系统

R

RCAF：Royal Canada Air Force 皇家加拿大空军

ROTHR：removeable over-the-horizon radar 移动超视距雷达

S

SAC：Strategic Air Command 战略空军司令部

SAGE：Semi-Automatic Ground Environment “赛其”（半自动地面防空系统）

SAR：Synthetic Aperture Radar 合成孔径雷达

SBIRS：Space-Based Infrared System 天基红外系统

SBIRS-GEO：SBIRS Geosynchronous Earth Orbit 天基红外系统地球同步轨道卫星

SBIRS-HEO：SBIRS High Elliptical Orbit 天基红外系统地球大椭圆轨道卫星

SBIRS-High：Spacc-Bascd Infrarcd Systcm-High 天基红外系统高轨部分

SBIRS-LEO：SBIRS Low Earth Orbit 天基红外系统低地球轨道卫星

SBIRS-Low：Space-Based Infrared System-Low 天基红外系统低轨部分

SBR：Space-Based Radar 天基雷达

SBSS：Space-Based Surveillance System 天基监视系统

SBX：Sea-Based X-Band Radar 海基 X 波段雷达

SBV：Space-Based Visible 天基可见光（望远镜）

SCA：Space Coordinating Authority 空间协调机构

SDI：the Strategic Defense Initiative 战略防御计划

SLBM：Submarine-Launched Ballistic Missile 潜射弹道导弹

SOI：Space Object Identification 空间目标识别
SPACETRACK：USAF Space Tracking System 空军空间监视系统
SPADATS：Space Detection and Tracking System 空间探测与跟踪系统
SPIRIT：Space Infrared Radiation Image Telescope 空间红外成像望远镜
SR：Space Radar 太空雷达
SRGS：Survivable Relay Ground Station 海外中继站
SSC：Space Surveillance Center 太空监视中心
SSN：Space Surveillance Net 空间监视网
STSS：Space Surveillance and Tracking System 空间跟踪与监视系统

T

TAC：Tactical Air Command 战术空军司令部
TARS：Tethered Aerostat Radar System 系留气球雷达系统
THAAD：Terminal High Altitude Area Defense 战区高空区域防御系统
TRADEX：Target Resolution and Discrimination Experiment 目标分辨与识别实验雷达

U

UEWR：Upgraded Early Warning Radar 改进型早期预警雷达
USSPACECOM：The United States Space Command 美国空间（太空）司令部
USSTRATCOM：The United States Strategic Command 美国战略司令部
UVIS：ultraviolet and visible-light sensor 紫外可见光传感器

W

WSMR：White Sand Missile Range 白沙导弹试验场

X

XBR：X-Band Radars X 波段雷达

参考文献

一、中文资料

（一）著作

1. 常显奇等：《军事航天学（第2版）》，北京：国防工业出版社，2005年。

2. 电子工业部第十四研究所：《世界地面雷达手册》，1986年。

3. 郭世贞、裴美成：《军事装备史》（上、下册），北京：解放军出版社，2007年。

4. 华人杰、曹毅风、陈惠秀：《空军学术思想史》，北京：解放军出版社，2008年。

5. 军事科学院世界军事研究部：《俄联邦军事基本情况》，北京：军事科学出版社，2004年。

6. 军事科学院世界军事研究部：《世界军事革命史》，北京：军事科学出版社，2012年。

7. 军事科学院外国军事研究部：《美国军事基本情况》，北京：军事科学出版社，2013年。

8. 军事科学院外国军事研究部：《苏联军事基本情况》，北京：军事科学出版社，1992年。

9. 柯春桥：《世界军事简史》，北京：解放军出版社，2015年。

10. 空军第二研究所：《国外对空情报雷达手册》，1987年。

11. 雷厉：《侦察与监视》，北京：国防工业出版社，2008年。

12. 李耐国：《外国新军事理论研究》，北京：军事科学出版社，

2013 年。

13. 李耐国：《信息化战争与军事情报》，北京：国防大学出版社，2008 年。

14. 李学忠、田安平：《国家空天安全论》，北京：解放军出版社，2010 年。

15. 李振宏：《历史学的理论与方法》，开封：河南大学出版社，1999 年。

16. 刘波等：《空基预警探测系统》，北京：国防工业出版社，2012 年。

17. 刘金质：《冷战史》，北京：世界知识出版社，2003 年。

18. 刘兴：《防空防天信息系统及其一体化技术》，北京：国防工业出版社，2009 年。

19. 刘兴等：《一体化空天防御系统》，北京：国防工业出版社，2011 年。

20. 任国军：《美军联合作战情报支援研究》，北京：军事科学出版社，2010 年。

21. 申华：《美国国家情报管理研究》，北京：军事科学出版社，2010 年。

22. 孙建民：《情报战战例选析》，北京：国防大学出版社，2010 年。

23. 孙建民：《战后情报侦察技术发展史研究》，北京：军事科学出版社，2007 年。

24. 王绳祖主编：《国际关系史》，北京：世界知识出版社，1995 年。

25. 王小谟、张光义：《雷达与探测》（第二版），北京：国防工业出版社，2008 年。

26. 闻洪卫、董玉江：《信息时代的空天防御》，北京：蓝天出版社，2014 年。

27. 吴莼思：《威慑理论与导弹防御》，北京：长征出版社，

2001 年。

28. 许嘉：《美国国际关系理论研究》，北京：时事出版社，2008 年。

29. 许嘉：《美国战略思维研究》，北京：军事科学出版社，2003 年。

30. 闫京生：《战争史研究》，呼和浩特：内蒙古人民出版社，2009 年。

31. 姚有志：《大剑道——影响世界的战略理论》，北京：解放军出版社，2014 年。

32. 姚云竹：《战后美国威慑理论与政策》，北京：军事科学出版社，1998 年。

33. 曾华锋等：《现代侦察监视技术》，北京：国防工业出版社，1999 年。

34. 张长军：《美国情报失误研究》，北京：军事科学出版社，2006 年。

35. 张长军：《战略突袭预警研究》，北京：军事科学出版社，2010 年。

36. 张翔主编：《世界主要国家核导弹武器发展路线图》，北京：国防工业出版社，2013 年。

37. 张晓军：《美国军事情报理论研究》，北京：军事科学出版社，2007 年。

38. 张晓军：《美国军事情报理论著作评介》（第二辑），北京：时事出版社，2010 年。

39. 张晓军：《美国军事情报理论著作评介》，北京：军事科学出版社，2005 年。

40. 朱锋：《导弹防御计划与国际安全》，上海：上海人民出版社，2011 年。

41. 朱和平、沈齐：《现代预警探测与监视系统》，北京：电子工业出版社，2008 年。

42. 《中国人民解放军军语》，北京：军事科学出版社，2011 年。

43. 武桂馥：《中国军事百科全书（第二版）·军事战略（学科分册）》，北京：中国大百科全书出版社，2007 年。

44. 王兆耀：《中国军事百科全书（第二版）·军事航天技术（学科分册）》，北京：中国大百科全书出版社，2008 年。

45. 徐步荣：《中国军事百科全书（第二版）·电子信息装备（学科分册）》，北京：中国大百科全书出版社，2008 年。

46. 《国防科技名词大典》总编委会：《国防科技名词大典》（综合卷），北京：航空工业出版社、兵器工业出版社、原子能出版社，2002 年。

（二）译著

1. ［德］克劳塞维茨著，军事科学院译：《战争论》，北京：商务印书馆，1978 年。

2. ［俄］B. A. 佐洛塔廖夫主编，李效东等译：《俄罗斯军事战略史》，北京：军事科学出版社，2009 年。

3. ［美］阿伦·米利特等著，张淑静等译：《美国军事史》，北京：解放军出版社，2014 年。

4. ［美］伯纳德·布罗迪等著，于永安、郭莹译：《绝对武器》，北京：解放军出版社，2005 年。

5. ［美］丹尼尔·奥·格雷厄姆著，张健志等译：《高边疆——新的国家战略》，北京：军事科学出版社，1988 年中译本。

6. ［美］德怀特·D. 艾森豪威尔著，樊迪等译：《艾森豪威尔回忆录》，北京：东方出版社，2007 年。

7. ［美］福里斯特·E. 摩根著，白堃、艾咪娜译，《太空威慑和先发制人》，北京：航空工业出版社，2012 年。

8. ［美］亨利·基辛格：《核武器与对外政策》，北京：世界知识出版社，1959 年中译本。

9. ［美］亨利·基辛格：《选择的必要》，北京：世界知识出版社，1962 年中译本。

10. ［美］马克斯·布特著，石祥译：《战争改变历史——1500年以来的军事技术、战争与历史进程》，上海：上海科学技术文献出版社，2011年。

11. ［美］迈克尔·奥汉隆著：《高科技与新军事革命》，北京：新华出版社，2001年。

12. ［美］特雷弗·N. 杜普伊：《把握战争》，北京：军事科学出版社，1993年。

13. ［美］特雷弗·N. 杜普伊：《武器与战争的演变》，北京：军事科学出版社，1985年。

14. ［美］小约瑟夫·奈著，张小明译：《理解国际冲突：理论与历史》，上海：上海人民出版社，2009年。

15. ［美］辛西亚·葛拉柏著，尹元隆译：《洞烛机先：奇袭之战略预警》，台北："国防部史政编译室"，2009年。

16. ［苏］H. A. 洛莫夫等著，军事科学院译：《科学技术进步与军事上的革命》，北京：中国人民解放军战士出版社，1982年。

17. ［苏］M. M. 基里扬著，军事科学院外军部译：《军事技术进步与苏联武装力量》，北京：中国对外翻译出版公司，1984年。

18. ［苏］尼基塔·谢·赫鲁晓夫著，述弢等译：《赫鲁晓夫回忆录》，北京：社会科学文献出版社，1999年。

19. ［苏］瓦·达·索科洛夫斯基主编：《军事战略》，北京：战士出版社，1980年。

20. 沈松、戴艳丽译：《2012年太空安全索引》，沈阳：辽宁大学出版社，2013年。

（三）期刊及报纸

1. 陈海萍、石海明："解读天基空间目标监视系统"，《科技日报》2012年11月27日。

2. 陈杰等："美国天基太空监视系统"，《国防科技》2011年第1期。

3. 陈利玲等："国外防空防天装备发展现状与趋势"，《航天电子对抗》2010年第3期。

4. 陈勇华、陈玲："美国弹道导弹预警系统（BMEWS）预警雷达升级发展概况"，《电子工程信息》2007年第3期。

5. 晨枫、蓝江桥："构建战略预警体系，维护国家战略安全"，《军事学术》2009年第7期。

6. 崔潇潇："美国天基空间目标监视系统概况"，《国际太空》2011年第7期。

7. 龚太启、袁本成、张冬初："我国战略预警体系建设应确立的总体构想"，《军事学术》2009年第7期。

8. 龚太启："美俄两国战略预警系统建设主要特点"，《雷达兵》2009年第4期。

9. 何奇松："脆弱的高边疆：后冷战时代美国太空威慑的战略困境"，《中国社会科学》2012年第4期。

10. 侯宇葵、侯深渊："核威慑与空间威慑"，《卫星应用》2006年第1期。

11. 黄波编译："美国天基空间监视系统'探路者'卫星通过关键设计评审"，《国外卫星动态》2007年第1期。

12. 蓝江桥："加快推进我军战略预警体系建设"，《军事学术》2012年第9期。

13. 李津军、单玉泉："空间威慑战略刍议"，《中国军事科学》2002年第1期。

14. 刘云路等："美国战略预警体系的构成"，《空军军事学术》2009年第5期。

15. 宁永刚等："美国反导系统战略预警体系建设及启示"，《空军工程大学学报（军事科学版）》2010年第2期。

16. 苏宪程、于小红、刘震鑫："美国空间态势感知发展分析"，《装备指挥技术学院学报》2010年第2期。

17. 孙建民："近几场局部战争中情报斗争的特点"，《外国军事学术》2008年第8期。

18. 孙建民："论情报侦察技术信息化背景下军事强国的军事情报转型"，《解放军外国语学院学报（社会科学版）》2010 年第 1 期。

19. 童炜："美军空间态势感知能力建设初探"，《国际研究参考》2014 年第 2 期。

20. 王杰娟、于小红："国外天基空间目标监视研究现状与特点分析"，《装备指挥技术学院学报》2006 年第 4 期。

21. 王克等："美国空间目标监视情报体制研究（一）"，《国外卫星动态》2009 年第 10 期。

22. 王克等："美国空间目标监视情报体制研究（二）"，《国外卫星动态》2009 年第 11 期。

23. 王谦："美国空天一体战略预警体系的建设与发展"，《外国空军军事学术》2010 年第 2 期。

24. 王喜斌："深刻领会胡主席重要战略思想科学推进战略预警体系建设"，《军事学术》2011 年第 1 期。

25. 吴培中："天基红外导弹预警系统"，《国际太空》2000 年第 9 期。

26. 吴永亮："美俄弹道导弹预警系统中的陆基战略预警雷达"，《飞航导弹》2010 年第 2 期。

27. 吴永亮："美国海军舰载双波段系列雷达的发展"，《国防科技》2012 年第 4 期。

28. 徐炳杰："世界当代战略预警体系建设发展述论"，《军事历史研究》2010 年第 3 期。

29. 徐俊等："天基空间目标监视系统发展现状及趋势"，《长缨》2012 年第 3 期。

30. 薛银地等："美国战略预警系统建设及启示"，《军事学术》2009 年第 2 期。

31. 闫彬等："美俄战略预警系统发展及启示"，《国防科技》2009 年第 3 期。

32. 袁俊："国家战略预警系统的发展"，《国防信息化》2008

年第4期。

33. 袁俊："美国的国家战略预警系统"，《中国航天》2001年第11期。

34. 袁俊："美国国家战略预警系统"，《卫星应用》2004年第4期。

35. 袁文先、杨志强："美俄空间态势感知能力发展综述"，《外军信息战》2008年第3期。

36. 袁振涛等："空间目标监视对弹道导弹预警影响分析"，《现代雷达》2013年第9期。

37. 张杨："美国的外层空间政策与冷战——兼论冷战的知觉错误与过度防御心理"，《美国研究》2005年第3期。

38. 直心义："庞大的美国空间目标监视系统"，《现代军事》2001年第6期。

39. "中国的军事战略"，《解放军报》2015年5月27日，第4版。

（四）论文

1. 魏来："信息化条件下战略预警面临的挑战及对策研究"，解放军外国语学院2012届硕士论文未刊稿。

2. 杨艳："美国导弹预警力量的构建与发展研究"，解放军外国语学院2013届硕士论文未刊稿。

3. 张泽："外空安全战略研究——兼论中国外空安全战略框架设计"，外交学院2009级博士学位论文未刊稿。

4. 张杨："冷战与美国的外层空间政策（1945—1969）"，东北师范大学2005届博士论文未刊稿。

二、英文资料

（一）著作及官方文件（Books and Official Documents）

1. Cynthia Grabo，*Anticipating Surprise*：*Analysis for Strategic Warn-*

ing, University Press of America, 2004.

2. Cynthia Grabo, *Handbook of warning intelligence*: *Assessing the threat to national security*, Scarecrow Press, Inc. United Kingdom.

3. GAO, Repot to the Subcommittee on Strategic Forces, Committee on Armed Services, House of Representatives, *Space Acquistions*: *Development and Oversight Challenges in Delivering Improved Space Situational Awareness Capabilities*, May 2011. http://www.gao.gov/assets/320/318942.pdf.

4. Gerald K. Haines and Robert E. Leggett eds., *CIA's Analysis of the Soviet Union* 1947 ~ 1991. Washington, DC: CIA History Staff, Center for the Study of Intelligence, 2001.

5. Hans L. Trefousse ed., *What Happened at Pearl Harbor*. New York: Twayne Publishers, 1958.

6. Jeffrey T. Richelson, *America's Space Sentinels*: *DSP Satellite and National Security*, University Press of Kansas, 1999.

7. Jeffrey T. Richelson, *America's Space Sentinels*: *The History of the DSP and SBIRS Satellite System* (*2nd ed.*), University Press of Kansas, 2012.

8. Jeffrey T. Richelson, *The US Intelligence Community* (*6th ed.*). Bouldcr: Wcstvicw Prcss, 2012.

9. John Prados, *The Soviet Estimate*: *U. S. Intelligence Analysis and Soviet Military Strength*. Princeton: Princetion University Press, 1986.

10. Lyman B. Kirkpatrick Jr, *Captain Without Eyes*: *Intelligence Failure in WWII*, London, New York: Msvmillsn Company, 1969.

11. Michael I. Handel, *Perception*, *Deception and Surprise*: *The case of the Yom Kippur War*. Jerusalem: Hebrew University Press, 1975.

12. Robert Wohlstetter, *Pearl Harbor*: *Warning and Decision*, Stanford: Standford University Press, 1962.

13. Sherman Kent, *Strategic Intelligence for American World*

Policy. Princeton, New Jersey: Princeton University Press, 1949.

14. U. S. Army Center of Military History, *The History of Strategic Air and Ballistic Missile Defense, Volume I 1945 – 1955*. http://www.history.army.mil/html/books/bmd/BMDV1.pdf.

15. U. S. Army Center of Military History, *The History of Strategic Air and Ballistic Missile Defense, VolumeII 1956 – 1972*. http://www.history.army.mil/html/books/bmd/BMDV2.pdf.

16. U. S. Joint Chiefs of Staff, Joint Publication 1 – 02, *Department of Defense Dictionary of Military and Associated Terms*. Washing, D. C.: GPO, 8 November, 2010 (As Amended Through 15 March 2015).

17. U. S. Joint Chiefs of Staff, Joint Publication 3 – 01, *Countering Air and Missile Threat*, Washington, D. C.: GPO, 23 March 2012.

18. U. S. Joint Chiefs of Staff, Joint Publication 3 – 01 – 1, *Aerospace Defense of North America*, Washington, D. C.: GPO, 4 November 1996.

19. U. S. Joint Chiefs of Staff, Joint Publication 3 – 14, *Space Operations*, Washington, D. C.: GPO, 29 May 2013.

20. U. S. Joint Chiefs of Staff, Joint Publication 3 – 52, *Joint Airspace Control*, Washington, D. C.: GPO, 20 May 2010.

21. US Space Command: *VISION FOR* 2020, http://www.fas.org/spp/military/docops/usspac/visbook.pdf.

（二）文章（Articles, Papers, including network Articles, etc.）

1. Brian David Egbert, *Ground Based Radar Design for Intercontinental Ballistic Missile Defense*, 1999, http://www.dtic.mil/cgi-bin/GetTRDoc? Location = U2&doc = GeTRDoc.pdf&AD = ADA366353.

2. David F. Winkler and Julie L. Webster, *Searching the Skies: the Legacy of the United States Cold War Defense Radar Program*, June 1997, http://www.dtic.mil/tr/fulltext/u2/a331231.pdf.

3. Jeffrey T. Richelson, *Space-Based Early Warning: From MIDAS to*

DSP to SBIRS, http://www.gwu.edu/nsarchiv/NSAEBB/NSAEBB235/201301.

4. Keith Clark, *On Warning*, Studies in Intelligence, V9: 1 - 15 - 31 (Winter 1965).

5. Wainstein, C. D. Cremeans, J. K. Moriaty, J. Ponturo, *The Evolution of U. S. Strategic Command and Control and Warning* (1945 - 1972), June 1975, http://www.dtic.mil/dtic/tr/fulltext/u2/a331702.pdf.